Discurso del método
Meditaciones metafísicas

Clásica
Humanidades

RENÉ DESCARTES

DISCURSO DEL MÉTODO

MEDITACIONES METAFÍSICAS

Edición y traducción de Manuel García Morente

AUSTRAL

Obra editada en colaboración con Editorial Planeta – España

Título original: *Discours de la Méthode, 1637*
Meditationes de prima philosophia, 1641

René Descartes

Bajo el sello editorial AUSTRAL M.R.
Avenida Presidente Masarik núm. 111,
Piso 2, Polanco V Sección, Miguel Hidalgo
C.P. 11560, Ciudad de México
www.planetadelibros.com.mx

Diseño de la colección: Compañía

Primera edición impresa en España: 30-IX-1937
Primera edición impresa en España en esta presentación: noviembre de 2010
ISBN: 978-84-670-3463-9

Primera edición impresa en México en Austral: septiembre de 2022
Segunda reimpresión en México en Austral: mayo de 2024
ISBN: 978-607-07-9195-6

Impreso en los talleres de Lyon AG, S.A. de C.V.
Hierro No. 5, Col. Esfuerzo Nacional, C.P. 55320, Ecatepec de Morelos, Estado de México.
Impreso en México –*Printed in Mexico*

Biografía

Filósofo, matemático y científico francés, René Descartes (La Haye, 1596–Estocolmo, 1650) es considerado el padre de la filosofía moderna. Se formó estudiando matemáticas, estudios clásicos y escolasticismo y, posteriormente, derecho en la Universidad de Poitiers. En 1618 emprendió una carrera militar que le llevó a combatir en la guerra de los Treinta Años. Tras renunciar a la vida militar, volvió a Francia, donde empezó a realizar investigaciones en óptica y sus primeros estudios sobre filosofía. En 1628 viajó a Holanda y escribió su primera obra, *Ensayos filosóficos* (1637), una obra multidisciplinar que incluye observaciones en óptica, geometría y astronomía. A este ensayo le siguieron *Meditaciones metafísicas* y *Los principios de la filosofía*. Su obra más conocida es *Discurso del Método*.

ÍNDICE

DISCURSO DEL MÉTODO

MEDITACIONES METAFÍSICAS

INTRODUCCIÓN

Vitam impendere vero.

El DISCURSO DEL MÉTODO y las MEDITACIONES METAFÍSICAS son obras de plenitud mental. Exceptuando algunos diálogos de Platón, no hay libro alguno que las supere en profundidad y en variedad de intereses y sugestiones. Inauguran la filosofía moderna; abren nuevos cauces a la ciencia; iluminan los rasgos esenciales de la literatura y del carácter franceses; en suma, son la *autobiografía espiritual* de un ingenio superior, que representa, en grado máximo, las más nobles cualidades de una raza nobilísima.

No podemos aspirar, en este breve prólogo, a presentar el pensamiento de Descartes en la riquísima diversidad de sus matices filosóficos, literarios, científicos, artísticos, políticos y aun técnicos. Nos limitaremos, pues, a la filosofía; y aun dentro de este terreno expondremos sólo los temas generales de mayor virtualidad histórica. El pensamiento cartesiano es como el pórtico de la filosofía moderna. Los rasgos característicos de su arquitectura se encuentran reproducidos, en líneas generales, en la estructura y economía ideológica de los sistemas posteriores. Descartes inaugura la actitud filosófica que, en su raíz, recibe el nombre de idealismo. Desde entonces el idealismo domina sobre todo el pensamiento moderno. El grupo de problemas que, derivados de esa actitud, propone Descartes a la reflexión filosófica ocupará los espíritus durante más de un siglo. El nuevo conjunto de cuestiones con que Kant sustituye a los problemas propiamente cartesianos derívase —aunque en otra modalidad— de la actitud idealista fundamental. Puede decirse, por consiguiente, que el impulso y la dirección dados por Descartes a la filosofía llenan tres siglos de pensar humano. Sólo hoy comienza la filosofía a vivir la posibilidad, la necesidad y el esfuerzo de superar el punto de vista del idealismo. La historia de la filosofía no es, como muchos creen, una confusa y desconcertante sucesión de doctrinas u opiniones heterogéneas, sino una continuidad real de superaciones históricas necesarias.

El Renacimiento

La gran dificultad que se le presenta al historiador del cartesianismo es la de encontrar el entronque de Descartes con la filosofía precedente. No es bastante, claro está, señalar literales coincidencias entre Descartes y San Anselmo, ni hacer notar minuciosamente que ha habido en los siglos XV y XVI tales o cuales filósofos que han dudado, y hasta elogiado la duda, o que han hecho de la razón natural el criterio de la verdad, o que han escrito sobre el método, o que han encomiado las matemáticas. Nada de eso es antecedente histórico profundo, sino a lo sumo concordancias de poca monta, superficiales, externas, verbales. En realidad, Descartes, como dice Hamelin, «parece venir inmediatamente después de los antiguos».

Pero entre Descartes y la escolástica hay un hecho cultural —no sólo científico— de importancia incalculable: el Renacimiento. Ahora bien, el Renacimiento está en todas partes más y mejor representado que en la filosofía. Está eminentemente expreso en los artistas, en los poetas, en los científicos, en los teólogos, en Leonardo da Vinci, en Ronsard, en Galileo, en Lutero, en el espíritu, en suma, que orea con un nuevo aliento las fuerzas todas de la producción humana. A este espíritu renacentista hay que referir inmediatamente la filosofía cartesiana. Descartes es el primer filósofo del Renacimiento.

La Edad Media no ha sido, como muchos creen, una época bábarba y oscura. En el juicio vulgar sobre ese período hay un error de perspectiva o, mejor dicho, un error de visión, que proviene de que la gran fogata del Renacimiento ciega y deslumbra, impidiendo ver bien lo que queda allende la llamarada. El Renacimiento es una época de crisis; es decir, época en que las convicciones vitales de los siglos anteriores se resquebrajan, cesan de regir, dejan de ser creídas. El quebrantamiento de la unidad religiosa, el descubrimiento de la Tierra, la nueva concepción del sistema solar, la admiración por el arte, la vida y la filosofía de los antiguos, los intentos reiterados de desenvolver una sensibilidad nueva en la producción artística, poética, científica, son otros tantos síntomas inequívocos de la gran crisis por que atraviesa la cultura europea. El Renacimiento se presenta, pues, primero como un acto de negación; es la ruptura con el pasado, es la crítica implacable de las creencias sobre las que la humanidad venía viviendo. El realismo aristotélico, que servía de base a ese conjunto de convicciones, perece también con ellas. Recibe día tras día durísimos certeros golpes. El hombre del Renacimiento se queda entonces sin filosofía. Mas el hombre no puede vivir sin filosofía; porque cuando le falta una convicción básica en que apoyar las plantas, siéntese perdido y como náufrago en el piélago de la incertidumbre. Esta angustia intolerable de la duda ha sido magistralmente descrita por Descartes en las primeras líneas de la segunda meditación metafísica: «La meditación que hice ayer me ha llenado el espíritu de tantas dudas, que ya no me es posible olvidarlas. Y, sin embargo, no veo de qué manera voy a poder resolverlas; y, como si de pronto hubiese caído en unas aguas profundísimas, quédome tan sorprendido, que ni puedo afirmar los pies en el fondo ni nadar para mantenerme sobre la superficie. Haré un esfuerzo, sin embargo, y seguiré por el mismo camino que ayer emprendí, alejándome de todo aquello en que pueda imaginar la menor duda, como si supiese que es absolutamente falso, y continuaré siempre por ese camino, hasta que encuentre algo que sea cierto, o por lo menos, si otra cosa no puedo, hasta que haya averiguado con certeza que nada hay cierto en el mundo. Arquímedes, para levantar la Tierra y transportarla a otro lugar, pedía solamente un punto de apoyo firme e inmóvil; también tendré yo derecho a concebir grandes esperanzas si tengo la fortuna de hallar sólo una cosa que sea cierta e indudable».

Así el Renacimiento es, por una parte, la negación de todo el pasado filosófico. Mas por otra parte es también el angustioso afán de encontrar un nuevo «punto de apoyo» capaz de salvar al hombre, a la cultura, del gran naufragio. Descartes satisface este afán de salvación. Descartes descubre la base «firme e inmóvil» para un nuevo filosofar. Con Descartes comienza la segunda navegación del pensamiento filosófico.

Pero cuando Descartes replantea en su origen el problema primero de la filosofía, el mundo y el hombre ya no son los mismos que en tiempos de Parménides o de Platón. Han transcurrido veinte siglos de vida histórica filosófica. El pensamiento ya no tiene la virginidad, la inocencia primitiva. No nace del puro anhelo de saber, sino de un anhelo de saber que viene prevenido por el tremendo fracaso de una filosofía multisecular. Todo el pretérito presiona ahora sobre el presente, imponiéndole condiciones nuevas: y principalmente la condición de *evitar el error,* la necesidad de proceder con máxima cautela, la obligación de preferir una sola verdad «cierta» a muchas conjeturas dudosas y de practicar en la marcha hacia adelante la más radical desconfianza.

El pensamiento de Descartes está, pues, con la filosofía precedente en una conexión histórica real muy distinta y mucho más profunda de lo que suele creerse. La dificultad, que señalábamos, de encontrar el entronque de Descartes con la filosofía anterior, procede de que se busca —al parecer en vano— lo que positivamente debe Descartes a sus antecesores o los gérmenes positivos de cartesianismo que haya en los antecesores de Descartes. Pero ni una cosa ni otra constituyen aquí la esencia de la coyuntura histórica. La filosofía de Descartes se origina en la crisis del realismo aristotélico. Es una verdadera repristinación de la filosofía. Depende, pues, de la filosofía precedente en el sentido de que el fracaso del aristotelismo la obliga a plantear de nuevo en su origen el problema del ser; y también en el sentido de que, aleccionada, condicionada por el pretérito, ha de iniciar un pensamiento cauteloso, prudente, desconfiado y resuelto a una actitud metódica, reflexiva, introvertida, frente a la espontaneidad ingenua y «natural» del realismo aristotélico. Y así Descartes es conducido, por la coyuntura histórica misma, a poner las bases del idealismo filosófico, que es una actitud insólita, difícil y contraria a la propensión natural del hombre.

VIDA DE DESCARTES

Nació René Descartes en La Haye, aldea de la Touraine, el 31 de marzo de 1596. Era de familia de magistrados, nobleza de toga. Su padre fue consejero en el Parlamento de Rennes, y el amor a las letras era tradicional en la familia. «Desde niño —cuenta Descartes en el DISCURSO DEL MÉTODO— fui criado en el cultivo de las letras». Efectivamente, muy niño entró en el colegio de La Flèche, que dirigían los jesuitas. Allí recibió una sólida educación clásica y filosófica, cuyo valor y utilidad ha reconocido Descartes en varias ocasiones. Habiéndole preguntado cierto amigo suyo si no sería bueno elegir alguna universidad holandesa para los estudios filosóficos de su hijo, contestole Descartes: «Aun cuando no es mi opinión que todo lo que en filosofía se enseña sea tan verdadero como el Evangelio, sin embargo, siendo esa ciencia la clave y base de las demás, creo que es muy útil haber estudiado el curso entero de filosofía como lo enseñan los jesuitas, antes de disponerse a levantar el propio ingenio por encima de la pedantería y hacerse sabio de la buena especie. Debo confesar, en honor de mis maestros, que no hay lugar en el mundo donde se enseñe mejor que en La Flèche».

El curso de filosofía duraba tres años. El primero se dedicaba al estudio de la *Lógica* de Aristóteles. Leíanse y comentábanse la *Introducción* de Porfirio, las *Categorías,* el *Tratado de la interpretación,* los cinco primeros capítulos de los *Primeros analíticos,* los ocho libros de los *Tópicos,* los *Últimos analíticos,* que servían de base a un largo desarrollo de la teoría de la demostración y, por último, los diez libros de la *Moral.* En el segundo año estudiábanse la *Física* y las *Matemáticas.* En el tercer año se daba la *Metafísica* de Aristóteles. Las lecciones se dividían en dos partes: primero el maestro dictaba y explicaba Aristóteles o Santo Tomás; luego el maestro proponía ciertas *quaestiones* sacadas del autor y susceptibles de diferentes interpretaciones. Aislaba la *quaestion* y la definía claramente, la dividía en partes, y la desenvolvía en un magno silogismo, cuya mayor y menor iba probando sucesivamente. Los ejercicios que hacían los alumnos consistían en argumentaciones o disputas. Al final del año algunos de estos certámenes eran públicos.

Sabemos el nombre del profesor de filosofía que tuvo Descartes en La Flèche. Fue el padre Francisco Verón. Pero en realidad, la enseñanza era totalmente objetiva e impersonal. Las normas de estos estudios estaban minuciosamente establecidas en órdenes y estatutos de la Compañía... «Cuiden muy bien los maestros de no apartarse de Aristóteles, a no ser en lo que haya de contrario a la fe o a las doctrinas universalmente recibidas... Nada se defienda ni se enseñe que sea contrario, distinto o poco favorable a la fe, tanto en filosofía como en teología. Nada se defienda que vaya contra los axiomas recibidos por los filósofos, como son que sólo hay cuatro géneros de causas, que sólo hay cuatro elementos, etc., etc.»[1].

Semejante enseñanza filosófica no podía por menos de despertar el anhelo de la libertad en un espíritu de suyo deseoso

---

[1] Sobre esto puede leerse *Un collège de Jésuites au XVIIe et au XVIIIe siècle. Le Collège Henri IV de la Flèche,* por el padre Rochemonteix, Le Mans, 1889, tomo IV.

de regirse por propias convicciones. Descartes, en el DISCURSO DEL MÉTODO, nos da claramente la sensación de que ya en el colegio sus trabajos filosóficos no iban sin ciertas e íntimas reservas mentales. Su juicio sobre la filosofía escolástica, que aprendió, como se ha visto, en toda su pureza y rigidez, es por una parte benévolo y por otra radicalmente condenatorio. Concede a esta educación filosófica el mérito de aguzar el ingenio y proporcionar agilidad al intelecto, pero le niega, en cambio, toda eficacia científica; no nos enseña a descubrir la verdad, sino sólo a defender verosímilmente todas las proposiciones.

Salió Descartes de La Flèche, terminados sus estudios, en 1612, con un vago, pero firme, propósito de buscar en sí mismo lo que en el estudio no había podido encontrar. Éste es el rasgo renacentista que, desde el primer momento, mantiene y sustenta toda la peculiaridad de su pensar. Hallar en el propio entendimiento, en el yo, las razones últimas y únicas de sus principios, tal es lo que Descartes se propone. Toda su psicología de investigador está encerrada en estas frases del DISCURSO DEL MÉTODO: «Y no me precio tampoco de ser el primer inventor de mis opiniones, sino solamente de no haberlas admitido ni porque las dijeran otros ni porque no las dijeran, sino *sólo porque la razón me convenció de su verdad*».

Después de pasar ocioso unos años en París, deseó recorrer el mundo y ver de cerca las comedias que en él se representaban, pero «más como espectador que como actor». Entró al servicio del príncipe Mauricio de Nassau y comenzaron los que pudiéramos llamar sus años de peregrinación. Guerreó en Alemania y Holanda; sirvió bajo el duque de Baviera; recorrió los Países Bajos, Suecia, Dinamarca. Refiérenos en el DISCURSO DEL MÉTODO cómo en uno de sus viajes comenzó a comprender los fundamentos del nuevo método de filosofar. Su naturaleza, poco propicia a la exaltación y al exceso sentimentales, debió, sin embargo, de sufrir en estos meses un ataque agudo de entusiasmo: tuvo visiones y oyó una voz celeste que le encomendaba la reforma de la filosofía; hizo el voto, que cumplió más tarde, de ir en romería a Nuestra Señora de Loreto.

Permaneció en París dos años, asistió como voluntario del ejército real al sitio de La Rochelle, y en 1629 dio fin a este segundo período de su vida de soldado, *dilettante,* viajero y observador.

Decidió consagrarse definitivamente a la meditación y al estudio. París no podía convenirle; demasiados intereses, amigos, conversaciones, visitas perturbaban su soledad y su retiro. Sentía, además, con aguda penetración, que no era Francia el más cómodo y libre lugar para especulaciones filosóficas y, con certero instinto, se recluyó en Holanda. Vivió veinte años en este país, variando su residencia a menudo, oculto, incógnito, eludiendo la ociosa curiosidad de amigos oficiosos e importunos. Durante estos veinte años escribió y publicó sus principales obras: el DISCURSO DEL MÉTODO, con la *Diótrica,* los *Meteoros* y la *Geometría,* en 1637, las MEDITACIONES METAFÍSICAS (en 1647 se publicó la traducción francesa del duque de Luynes, revisada por Descartes), los *Principios de la filosofía,* en 1644 (en latín primero, y luego, en 1647, en francés); el *Tratado de las pasiones humanas,* en 1650.

Su nombre fue pronto celebérrimo y su persona y su doctrina pronto fueron combatidas. Uno de los adeptos del cartesianismo, Leroy, empezó a exponer en la Universidad de Utrecht los principios de la filosofía nueva. Protestaron violentos los peripatéticos, y emprendieron una cruzada contra Descartes. El rector Voetius acusó a Descartes de ateísmo y de calumnia. Los magistrados intervinieron, mandando quemar por el verdugo los libros que contenían la nefanda doctrina. La intervención del embajador de Francia logró detener el proceso. Pero Descartes hubo de escribir y solicitar en defensa de sus opiniones, y aunque al fin y al cabo obtuvo reparación y justicia, esta lucha cruel, tan contraria a su modo de ser pacífico y tranquilo, acabó por hastiarle y disponerle a aceptar los ofrecimientos de la reina Cristina de Suecia.

Llegó a Estocolmo en 1649. Fue recibido con los mayores honores. La corte toda se reunía en la biblioteca para oírle disertar sobre temas filosóficos de física o de matemáticas. Poco tiempo gozó Descartes de esta brillante y tranquila situación. En 1650, al año de su llegada a Suecia, murió, acaso por no haber podido resistir su delicada constitución los rigores de un clima tan rudo. Tenía cincuenta y tres años.

En 1667 sus restos fueron trasladados a París y enterrados en la iglesia de Sainte Geneviève du Mont. Comenzó entonces una fuerte persecución contra el cartesianismo. El día del entierro disponíase el padre Lallemand, canciller de la Universidad, a pronunciar el elogio fúnebre del filósofo cuando llegó una orden superior prohibiendo que se dijera una palabra. Los libros de Descartes fueron incluidos en el Índice, si bien con la reserva de *donec corrigantur.* Los jesuitas excitaron a la Sorbona contra Descartes y pidieron al Parlamento la proscripción de su filosofía. Algunos conocidos clérigos hubieron de sufrir no poco por su adhesión a las ideas cartesianas. Durante bastante tiempo fue crimen en Francia declararse cartesiano.

Después de la muerte del filósofo, publicáronse: *El mundo, o tratados de la luz* (París, 1667). *Cartas de René Descartes sobre diferentes temas,* por Clerselier (París, 1667). En la edición de las obras póstumas de Amsterdam (1701) se publicó por primera vez el tratado inacabado: *Regulae ad directionem ingenii,* importantísimo para el conocimiento del método[2].

La mejor edición de Descartes es la de Ch. Adam y P. Tannery. París, 1897-1909.

Sobre Descartes, además de las historias de la filosofía, pueden leerse en francés:

L. Liard, *Descartes,* París, 1881, 2.ª ed., 1903.
A. Fouillée, *Descartes,* París, 1893.
O. Hamelin, *Le système de Descartes,* París, 1910.

---

[2] Existe traducción española publicada por Revista de Occidente.

J. Wahl, *Du role de l'idée del l'instant dans la philosophie de Descartes,* París, 1920.
J. Chevalier, *Descartes,* París, 1921.
M. Leroy, *Descartes le philosophe au masque,* París, 1929.

En alemán:

A. Hoffman, *R. Descartes* (Fromanns Klassiker der Philosophie), Stuttgart, 1905, 2.ª ed., 1923.
M. Frischeisen-Köler, *Descartes* (en el tomo «Grosse Denker» —grandes pensadores—, publicado por E. V. Aster, Leipzig, 1912, 2.ª ed., 1923), traducción española en Revista de Occidente.
A. Koyre, *Descartes und die Scholastik,* Bonn, 1923.

En inglés:

P. Mohaffy, *Descartes* (Philosophical Classic for engl. Readers), Edimb., Londres, 1880.
E. S. Haldane, *Descartes his life and times,* Londres, 1905.

El método

Los orígenes del método están, según nos cuenta Descartes (Discurso, págs. 52 y sigs.), en la lógica, el análisis geométrico y el álgebra. Conviene ante todo insistir en que el gravísimo defecto de la lógica de Aristóteles es, para Descartes, su incapacidad de invención. El silogismo no puede ser método de descubrimiento, puesto que las premisas —so pena de ser falsas— deben ya contener la conclusión. Ahora bien, Descartes busca reglas fijas para *descubrir* verdades, no para *defender* tesis o *exponer* teorías. Por eso el procedimiento matemático es el que, desde un principio, llama poderosamente su atención; este procedimiento se encuentra realizado con máxima claridad y eficacia en el análisis de los antiguos. Según Euclides, el análisis consiste en admitir aquello mismo que se trata de demostrar y, partiendo de ahí, reducir, por medio de consecuencias, la tesis a otras proposiciones ya conocidas. Descartes explica también lo que es el análisis en un pasaje de la *Geometría:* «... Si se quiere resolver un problema, hay que considerarlo primero como ya resuelto y poner nombres a todas las líneas que parecen necesarias para construirlo, tanto a las conocidas como a las desconocidas. Luego, sin hacer ninguna diferencia entre las conocidas y las desconocidas, se recorrerá la dificultad, según el orden que muestre, con más naturalidad, la dependencia mutua de unas y otras...».

Como se ve, el análisis es esencialmente un método de invención, de *descubrimiento.* Géminus lo llamaba descubrimiento de prueba (ἀνάλυσις ἔστιν ἀποδειξεω`ς εὕφεσις). Esto principalmente buscaba Descartes. Y éste es el punto de partida de su método nuevo. El silogismo obliga a partir de una proposición establecida, de la cual no sabemos nunca si podremos concluir lo que queremos demostrar, a menos de conocer de antemano la verdad que justamente necesitamos demostrar. Pero si ya de antemano sabemos la conclusión, entonces se ve bien claro que el silogismo sirve más para exponer o defender verdades que para hallarlas.

El análisis es, pues, el primer momento del método. Dada una dificultad, planteado un problema, es preciso ante todo considerarlo en bloque y dividirlo en tantas partes como se pueda (segunda regla del método, DISCURSO, pág. 53).

Pero ¿en cuántas partes dividirlo? ¿Hasta dónde ha de llegar el fraccionamiento de la dificultad? ¿Dónde deberá detenerse la división? La división deberá detenerse cuando nos hallemos en presencia de elementos del problema que puedan ser conocidos inmediatamente como verdaderos y de cuya verdad no puede caber duda alguna. Los tales elementos simples son las ideas claras y distintas. (Final de la primera regla; véase DISCURSO DEL MÉTODO, pág. 52).

Al llegar aquí es imposible seguir exponiendo el método de Descartes sin indicar algunos principios de su teoría del conocimiento y de su metafísica. En la primera regla del DISCURSO están resumidas, más aún, comprimidas algunas de las más esenciales teorías de la filosofía cartesiana. Las enumeraremos brevemente. En primer lugar, la regla propone la evidencia como criterio de verdad. Lo verdadero es lo evidente y lo evidente es a su vez definido por dos notas esenciales: la claridad y la distinción. Clara es una idea cuando está separada y conocida separadamente de las demás ideas. Distinta es una idea cuando sus partes o componentes son separados unos de otros y conocidos con interior claridad. Nótese, pues, que la verdad o falsedad de una idea no consiste, para Descartes, como para los escolásticos, en la adecuación o conformidad con la cosa. En efecto, las cosas existentes no nos son dadas en sí mismas, sino como ideas o representaciones, a las cuales *suponemos* que corresponden realidades fuera del yo. Pero el material del conocimiento no es nunca otro que ideas —de diferentes clases— y, por tanto, el criterio de la verdad de las ideas no puede ser extrínseco, sino que debe ser interior a las ideas mismas. La filosofía moderna debuta, con Descartes, en idealismo. Incluye el mundo en el sujeto; transforma las cosas en ideas; tanto que un problema fundamental de la filosofía cartesiana será el de salir del yo y verificar el tránsito de las ideas a las cosas (véase la sexta meditación metafísica).

En las *Regulae ad directionem ingenii,* llama a las ideas claras y distintas naturalezas simples *(naturae simplices).* El acto que aprehende y conoce las naturalezas simples es la *intuición* o conocimiento inmediato o, como dice también en las MEDITACIONES (meditación segunda), una inspección del espíritu. Esta operación de conocer lo evidente o intuir la naturaleza simple es la primera y fundamental del conocimiento. Los procedimientos del método comenzarán, pues, por proponerse llegar a esta intuición de lo simple, de lo claro y distinto. Las dos primeras reglas están destinadas a ello.

Los dos segundos se refieren, en cambio, a la concatenación o enlace de las intuiciones, a lo que, en las *Regulae*, llama Descartes deducción. Es la deducción, para Descartes, una enumeración o sucesión de intuiciones, por medio de la cual vamos pasando de una a otra verdad evidente, hasta llegar a la que queremos demostrar. Aquí tiene aplicación el complemento y como definitiva forma del análisis. El análisis deshizo la compleja dificultad en elementos o naturalezas simples. Ahora, recorriendo estos elementos y su composición, volvemos, de evidencia en evidencia, a la dificultad primera en toda su complejidad; pero ahora volvemos conociendo, es decir, intuyendo una por una las ideas claras, garantía última de la verdad del todo. «Conocer es aprender por intuición infalible las naturalezas simples y las relaciones entre ellas, que son, a su vez, naturalezas simples» [3].

LA METAFÍSICA

La noción del método, la teoría del conocimiento y la metafísica se hallan íntimamente enlazadas y como fundidas en la filosofía de Descartes. La idea fundamental de la unidad del saber humano, que Descartes, además, se representa bajo la forma seguida y concatenada de la geometría, es la que funde todos esos elementos, reúne la metafísica con la lógica, y éstas, a su vez, con la física y la psicología, en un magno sistema de verdades enlazadas. El cartesiano Spinoza pudo conseguir exponer la filosofía de Descartes en una serie geométrica de axiomas, definiciones y teoremas. *(Renati Descartes Principiorum philosophiae pars I et II, more geometrico demonstratae.)*

El punto de partida es la duda metódica.

La duda cartesiana refleja la situación real, histórica, del momento. El hombre ha perdido sus convicciones y no sabe a qué atenerse. No posee una verdad *cierta* que se halle a cu-

---

[3] Hamelin, *op. cit.*, págs. 87 y 88.

bierto de la duda. Pero necesita esa verdad. ¿Cómo encontrarla? La duda cartesiana no es escepticismo, sino, primero: la expresión de una actitud de desconfianza y de cautela, la exigencia de una evidencia indestructible; y segundo: un método de investigación positiva, puesto que aquella afirmación que logre salir victoriosa de los ataques de una duda metódicamente llevada a los mayores extremos del rigor será la verdad *cierta* que buscamos y que podrá servirnos de fundamento sólido para descubrir otras verdades.

Entre las dificultades que plantea la duda metódica nos detendremos en una tan sólo: en las famosas hipótesis del genio o espíritu maligno (MEDITACIONES, pág. 124). Después de haber examinado las diferentes razones para dudar de todo, quedan todavía en pie las verdades matemáticas, tan simples, claras y evidentes, que parece que la duda no puede hacer mella en ellas. Pero Descartes también las rechaza, fundándose en la consideración de que acaso maneje el mundo un Dios omnipotente, pero lleno de tal malignidad y astucia que se complace en engañarme y burlarme a cada paso, aun en las cosas que más evidentes me parecen. Esta hipótesis ha sido diversamente interpretada; quién la tacha de fantástica y superflua, suponiendo que Descartes lo dice por juego y sin creer en ella; otros, por el contrario, la consideran muy seria y fuerte, hasta el punto de creer que encierra el espíritu en tan definitiva duda, que no sabe salir de ella sin contradicción. En realidad, la hipótesis del genio maligno ni es un juego ni un círculo de hierro, sino un movimiento dialéctico, muy importante en el curso del pensamiento cartesiano. Repárese en que la hipótesis del genio maligno necesita, para ser destruida, la demostración de la existencia de Dios. Sólo cuando sabemos que Dios existe y que Dios es incapaz de engañarnos, sólo entonces queda deshecha la última y poderosa razón que Descartes adelanta para justificar la duda. ¿Qué significa esto?

La hipótesis dialéctica del genio maligno tiene dos sentidos —estrechamente enlazada uno con otro—. En primer lugar es la expresión rigurosa del punto de vista idealista adoptado desde luego por Descartes. En efecto, la duda metódica hace mella en todo contenido de pensamiento y únicamente se detiene ante el pensamiento mismo. El pensamiento es necesariamente pensamiento de algo; es decir: el pensamiento tiene necesariamente un objeto. Ahora bien: yo puedo dudar siempre del objeto, pero no puedo dudar nunca del pensamiento. Yo puedo dudar de que lo por mí pensado sea, exista, pero no puedo dudar de que lo pienso, no puedo dudar de mi pensamiento, porque éste me es inmediato y soy yo mismo pensado, pero sí puedo dudar de lo pensado (del objeto) porque éste es mediato y no llego a él sino por mediación del pensamiento. La hipótesis del genio maligno expresa rigurosamente ese carácter mediato del objeto, frente al carácter *inmediato* del pensamiento; significa que en el contenido del pensamiento (de la idea) no hay nada que legitime la existencia del objeto y, por consiguiente, que esta existencia del objeto necesita una garantía ajena: justamente la existencia de Dios.

Mas por otra parte, la hipótesis del genio maligno significa el planteamiento y solución de un grave problema lógico, que luego ocupará hondamente a Kant: el problema de la racionalidad o cognoscibilidad de lo real. El genio maligno y sus artes de engaño simbolizan la duda profunda de si en general la ciencia es posible. ¿Es lo real cognoscible, racional? ¿No será acaso el universo algo totalmente inaprehensible por la razón humana, algo esencialmente absurdo, irracional, incognoscible? Esta interrogación es la que Descartes se hace bajo el ropaje dialéctico de la hipótesis del genio maligno. Y las demostraciones de la existencia y veracidad de Dios no hacen sino contestarla, afirmando la racionalidad del conocimiento, la posibilidad del conocimiento, la confianza postrera que hemos de tener en nuestra razón y en la capacidad de los objetos para ser aprehendidos por ella.

La base primera de la filosofía cartesiana es el *cogito ergo sum: pienso, luego soy.* La existencia, la realidad del yo pensante, del yo como pensamiento, es la primera verdad que el náufrago de la filosofía encuentra, para sobre ella asentar sólidamente su salvación. La duda metódica se detiene ante la inmediatez del pensar como puro pensar. Pero de la certidumbre del yo hay que transitar ahora a otras certidumbres. La evidencia que acompaña la intuición de mí mismo, como pensamiento, contiene mi existencia. Pero la evidencia que acompaña las intuiciones de mis ideas «claras y distintas» no contiene la existencia de los objetos de esas ideas. Cualquier idea clara y distinta me persuade de que yo existo, puesto que la pienso, pero no me persuade de que exista su objeto. Para dar pleno crédito a las ideas claras y distintas, es decir, para no dudar de que existen los objetos de ellas, necesito la garantía de Dios; necesito saber que Dios existe. Tal es el sentido profundo de la hipótesis del genio maligno.

Por eso el primer problema que Descartes acomete después del *cogito* es el de la existencia de Dios. Demuéstrala en tres pruebas (dos en la meditación tercera y una en la meditación quinta). Sólo nos ocuparemos de la tercera de esas pruebas, la dada en la meditación quinta. Es el famosísimo argumento ontológico: la existencia pertenece a la esencia de Dios; es decir, que así como no se puede concebir un triángulo sin tres ángulos o una montaña sin valle, no se puede tampoco concebir a Dios sin la existencia. Aquí Descartes considera la existencia de Dios más bien como intuida que como demostrada. La idea de Dios sería, pues, una idea —la única— donde la existencia del objeto estaría garantizada por la idea misma. Detrás de Descartes sigue toda la metafísica del siglo XVII y aun del XVIII, hasta Hume y Kant.

La física

De la existencia de Dios y de sus propiedades deriva ya Descartes fácilmente la realidad de las naturalezas simples en general y, por tanto, de los objetos matemáticos, espacio, figura, número, duración, movimiento. La metafísica le conduce sin tropiezo a la física. Ésta debuta en realidad con la distinción esencial del alma y del cuerpo. El alma se define por el pensamiento. El cuerpo se define por la extensión. Y todo lo que en el cuerpo sucede como cuerpo puede y debe explicarse con los únicos elementos simples de la extensión, figura y movimiento. Hay, pues, que considerar dos partes en la física cartesiana. Una, donde se trata de los sucesos en los cuerpos (mecánica); y otra, donde se trata de definir la sustancia misma de los cuerpos (teoría de la materia).

La física de Descartes es, como todo el mundo sabe, mecanicista; Descartes no quiere más elementos, para explicar los fenómenos y sus relaciones, que la materia y el movimiento. Todo en el mundo es mecanismo, y en la mecánica misma, todo es geométrico. Así lo exigía el principio fundamental de las ideas claras, que excluye naturalmente toda consideración más o menos misteriosa de entidades o cualidades. La física de Descartes es una mecánica de la cantidad pura. El movimiento queda despojado de cuanto atenta a la claridad y pureza de la noción; es una simple variación de posición, sin nada dinámico por dentro, sin ninguna idea de *esfuerzo* o de acción, que Descartes rechaza por oscura e incomprensible. La causa del movimiento es doble. Una causa primera que, en general, lo ha creado e introducido en la materia, y esta causa es Dios. Una vez introducido el movimiento en la materia, Dios no interviene más, si no es para continuar manteniendo la materia en su ser; de aquí resulta que la cantidad de movimiento que existe en el sistema del mundo es invariable y constante. Pero de cada movimiento en particular hay una causa particular, que no es sino un caso de las leyes del movimiento. Estas leyes son tres: la primera es la ley de inercia, hermoso descubrimiento de Descartes que, aunque no hubiese hecho otros, bastaría para colocarle entre los fundadores de la ciencia moderna. La segunda es la de la dirección del movimiento: un cuerpo en movimiento tiende a continuarlo en línea recta, según la tangente a la curva que describa el móvil. La tercera ley es la ley del choque, que Descartes especifica en otras leyes especiales. Todas ellas son falsas. La mecánica cartesiana, tan profunda y exacta en sus dos primeros principios, se desvía y falsea en el último, precisamente por el exceso de geometrismo con que concibe la materia y el movimiento. Es bien conocida la corrección fundamental que Leibniz hace a la física de Descartes: no es la cantidad de movimiento lo que se conserva constante en la naturaleza, sino la fuerza viva, la energía. Pero Descartes, en su afán de no admitir nociones oscuras, considera las nociones de energía o fuerza como incomprensibles, porque no son geométricamente representables; y la desecha para limitarse a concebir en la materia la pura extensión geométrica.

Llegamos, pues, a la segunda parte de la física, a la teoría de la materia. Aquí domina el mismo espíritu que en la mecánica. La materia no es otra cosa que el espacio, la extensión pura, el objeto mismo de la geometría. Las cualidades secundarias que percibimos en los objetos sensibles: color, sabor, olor, etc., son intelectualmente inconcebibles y, por tanto, no pertenecen a la realidad. La materia se reduce a la extensión en longitud, latitud y profundidad, con sus modos, que son las figuras o límites de una extensión por otra.

La psicología

El hombre está compuesto de un cuerpo al cual está íntimamente unida el alma, sustancia pensante. Esta unión, a la par que distinción entre el cuerpo y el alma, domina todas las tesis psicológicas. Tendremos por un lado que considerar el alma en sí misma, y luego en cuanto que está unida al cuerpo. En sí misma, el alma es inteligencia, facultad de pensar, de verificar intuiciones intelectuales; en este punto, la psicología se confunde con la metafísica o la lógica. Por otra parte, entre las ideas del alma están sus voluntades. La voluntad o libertad la sitúa, empero, Descartes en el mismo plano que las demás intuiciones intelectuales; la voluntad es la facultad, totalmente formal, de afirmar o negar. Y tan grande es el carácter lógico y metafísico que le da a la voluntad, que de ella deriva su teoría del error, el cual, como es sabido (véase la cuarta meditación, pág. 160), proviene de que, siendo la voluntad infinita, puesto que carece de contenido, y el entendimiento finito, aquélla a veces afirma la realidad de una idea confusa (por precipitación) o niega la de una idea clara (por prevención), y en ambos casos provoca el error (véase la primera regla del método en la parte segunda del DISCURSO).

Réstanos considerar el alma como unida al cuerpo. En este sentido, el alma es, ante todo, conciencia, es decir, que conoce lo que al cuerpo ocurre y se da cuenta de este conocimiento. Mas siendo el cuerpo un mecanismo, si no hay alma no habrá conciencia, ni voluntad, ni razón. Así los animales son puros autómatas, máquinas maravillosamente ensambladas, pero carentes en absoluto de todo lo que de cerca o de lejos pueda llamarse espíritu.

En el hombre, en cambio, porque hay un alma inteligente y razonable, hay pasiones; es decir, los movimientos del cuerpo se reflejan en el alma; y este reflejo es precisamente lo que llamamos pasión, que no es sino un *estado* especial del alma, consecuencia de movimientos del cuerpo. Pero lo característico de estos estados especiales del alma es que, siendo causados, en realidad, por movimientos del cuerpo, sin embargo, el alma los refiere a sí misma. Ignorante de la causa de sus pasiones, el alma las cree nacidas y alimentadas en su propio seno. Hay seis pasiones fundamentales. La primera, la admiración, es apenas pasión, y señala el tránsito entre la pura intuición intelectual y la pasión propiamente dicha; es, en suma, la emoción intelectual. De ella nacen el amor, el odio, el deseo, la alegría, la tristeza. De estas seis pasiones fundamentales derívanse otras muchas: el aprecio, el desprecio, la conmiseración, etc.

El estudio de las pasiones, ya que éstas provienen de los movimientos del cuerpo, conduce a Descartes a un gran número de interesantes y finas observaciones psicofisiológicas.

MANUEL G. MORENTE

POST SCRÍPTUM

Entre 1937, fecha de la primera edición llevada a cabo por Austral del DISCURSO DEL MÉTODO y de las MEDITACIONES METAFÍSICAS, y la actualidad han transcurrido más de diez lustros; consecuentemente, las lecturas realizadas de ambos textos en tan largo espacio temporal resultan de lo más variadas. Sin embargo, y a pesar de muchos enterradores de lujo, Descartes no sólo no ha dejado de estar vivo para el pensamiento contemporáneo, sino que su terminología filosófica ha calado también en este final de siglo en el hombre de la calle. La duda metódica, el «ego cogito, ergo sum, sive existo», el dualismo cuerpo-alma, etc., son todos ellos términos que, procediendo del lenguaje filosófico creado por Descartes, forman parte del patrimonio histórico y cultural de la humanidad.

Desde un punto de vista sociológico y cultural, la filosofía cartesiana constituye un ejemplo paradigmático del influjo que puede tener la filosofía, concebida técnicamente, en el lenguaje de las urgencias vitales. Sin embargo, el proceso inverso, es decir, la influencia de la historia y, en general, del contexto científico-social de la época de Descartes en su pensamiento no ha sido observado con suficiente precisión por los profesionales de la enseñanza de la filosofía, que, más preocupados por enseñar y «vender» productos que procesos, han olvidado la máxima kantiana de que «no se aprende filosofía, sino a filosofar». En este sentido, seguramente no exista hoy mejor manera de acercarse a la reflexión filosófica y, por ende, al pensamiento de Descartes que a través de esta primera fenomenología del espíritu que es el DISCURSO DEL MÉTODO.

Efectivamente, la filosofía cartesiana es deudora de las estructuras operantes de una determinada época *histórica,* que intenta desligarse de las tutelas de la tradición creando sus propios recursos *teóricos.* Ese doble alcance, histórico y teórico, de la obra cartesiana, reflejado especialmente en el DISCURSO DEL MÉTODO, permitirá superar los tópicos tan al uso sobre la obra cartesiana, a la par que nos mostrará una de las aventuras intelectuales más apasionantes de la historia de la filosofía. Más allá del pensador frío y calculador, aparecerá una reflexión enraizada en los problemas y perplejidades de su tiempo. El *cogito ergo sum,* por ejemplo, no podrá ser considerado, según ha comentado inteligentemente E. Lledó, como una especie de recipiente vacío, pero firme, sino como algo más concreto, real y metodológicamente profundo.

Por ese camino, el conflicto de las interpretaciones sobre la obra de Descartes aparece tan vivo como fecundo. Así, frente a las interpretaciones tradicionales de Descartes que priman las MEDITACIONES METAFÍSICAS, hay, por ejemplo, que volver a recordar que el DISCURSO DEL MÉTODO sirve de prólogo a tres ensayos científicos, que tampoco tienen por qué ser considerados únicamente con un carácter exclusivamente especulativo-metafísico, pues, como ha dicho recientemente S. Turró frente a los clásicos de la interpretación de la física cartesiana, la física de Descartes tiene un nivel de fundamentación metafísica por lo que respecta a sus principios, pero, entendida como explicación de fenómenos —el *salvar las apariencias* de la tradición astronómica—, se nos presenta como una formulación hipotético-experimental en la línea del más puro instrumentalismo —si no incluso ficcionalismo— de teorías contemporáneas.

En cualquier caso, una lectura actual del DISCURSO DEL MÉTODO no podrá prescindir de su objetivo último: fundamentar un nuevo saber —teórico y práctico— moderno, un proyecto que parece no tener fin, pero cuyas posibilidades y límites cabe a Descartes el honor de haber sido el primero en vislumbrar.

La bibliografía que a continuación se ofrece sobre el DISCURSO DEL MÉTODO no pretende sustituir esa riqueza de interpretaciones sobre la obra cartesiana, pero sí desea contribuir a una lectura menos rígida y, por qué no decirlo, también menos «metafísica» que la sugerida por ciertos historiadores de la filosofía e, incluso, por la edición conjunta aquí presentada del DISCURSO y las MEDITACIONES.

ESTUDIOS GENERALES SOBRE LA OBRA DE DESCARTES

ALANEN, L., *Studies in Cartesian Epistemology and Philosphy of Mind,* Helsinki, 1982.

ALQUIÉ, F., *La découverte métaphysique de l'homme chez Descartes,* PUF, París, 1966.

ÁLVAREZ GÓMEZ, A., «Descartes: la razón, única guía del hombre», en *Cuadernos Salmantinos de Filosofía,* 12, 1985, págs. 19-43.

ANGELIS, E., *Il metodo geometrico nella filosofia del seicento,* Ed. G. Le Monnier, Florencia, 1964.

BACON, F., *La gran Restauración,* trad. M. A. Granada, Alianza, Madrid, 1985.

BAYSSADE, J. M., *La philosophie prémière de Descartes,* Flammarion, París, 1979.

BECK, L. J., *The Metaphysics of Descartes,* Clarendon Press, Oxford, 1965.

BELAVAL, Y., *Leibniz, critique de Descartes,* Gallimard, París, 1960.

BLAKE, R. M., «The Role of Experience in Descartes Theory of Method», en *Theories of Scientific Method,* Ed. Madden, Univ. of Washington Press, Seattle, 1960, págs. 75-103.

BLANCHÉ, R., *La méthode expérimentale et la philosophie de la physique,* A. Colin, París, 1969.

BORKENAU, F., *Vom feudalem zum bürgerlichen Weltbild,* París, 1934, reimpreso en Darmstadt, 1971.

BURTT, E. A., *The Metaphysical Foundations of Modern Science,* Routledge-Kegan P., Londres, 1967.

CLARKE, D. M., *Descartes Philosphy of Science,* Manchester Univ. Press, 1982.

COSTABEL, P., *Demarches originales de Descartes savant,* J. Vrin, París, 1982.

COTTINGHAM, J., *Descartes,* B. Blakwell, Oxford, 1986.

GOUHIER, H., *La pensée métaphysique de Descartes,* J. Vrin, París, 169.

GUÉROULT, M., *Descartes selon l'ordre des raisons,* 2 vols., Aubier, París, 1953.

DENISSOFF, E., *Descartes, premier théoricien de la physique mathématique,* Nauwelaerst, Lovaina, 1970.

LAPORTE, J., *Le rationalisme de Descartes,* J. Vrin, París, 1950.

LEVI, A., *French Moralist. The Theory of the Passions, 1585 to 1649,* Oxford, 1964.

LLEDÓ, E., «Semántica cartesiana», en *Filosofía y lenguaje,* Ariel, Barcelona, 1970-74.

MARION, J. L., *Sur l'ontologie grise de Descartes,* Vrin, París, 1975.

RÁBADE, S., *Descartes y la gnoseología moderna,* G. Del Toro, 1975.

RODIS-LEWIS, G., *L'oeuvre de Descartes,* 2 vols., Vrin, París, 1971.

ROED, W., *Descartes Erste Philosophie,* Bouvier, Bonn, 1971.

SARTRE, J. P., «La liberté cartésienne», en *Descartes 1596-1650, Situations I,* Gallimard, París, 1947.

TOURNADE, G., *L'orientation de la science cartésienne,* Vrin, París, 1982.

TURRO, S., *Descartes. Del hermetismo a la nueva ciencia.* Anthropos, Barcelona, 1985.

VERNES, J. R., *Critique de la raison aléatorie ou Descartes contre Kant,* Aubier-Montaigne, París, 1982.

VUILLEMIN, J., *Mathématiques et métaphysique chez Descartes,* PUF, París, 1960.

ESTUDIOS SOBRE EL *DISCURSO DEL MÉTODO*

ÁLVAREZ GÓMEZ, A., «Para leer el Discurso del método», en *Estudios sobre filosofía moderna y contemporánea,* Universidad: Centro de Estudios Metodológicos Interdisciplinares, León, 1984.

BECK, J. L., *The Method of Descartes. A Study of the Regulae,* Clarendon Press, Oxford, 1952.

BELLO, E., «Estudio preliminar del Discurso del método», en R. Descartes: *Discurso del método*, Tecnos, Madrid, 1987.

CAHNÉ, P. A., *Index du Dicours de la méthode de R. Descartes,* Ed. dell'Ateneo, Roma, 1977.

CHAMIZO, P., «El discurso del método de Descartes como ensayo», en *Aporía,* Madrid, 4, 1982.

CHAUVOIS, D., *Descartes. La méthode et seus erreurs en physiologie,* Cèdre, París, 1966.

DERRIDA, J., «La langue et le discours de la méthode», en *Recherches sur la philosophie et le langage,* 3, 1983.

DIJKSTERHUIS, E. J., «La Méthode et les essais de Descartes», en *Descartes et le cartésianisme hollandais,* PUF, París, 1950.

GILBERT, N. W., *Renaissance Concepts of Method,* Columbia University Press, Nueva York y Londres, 1960.

GOLLIET, P., «Le problème de la méthoque chez Descartes», en *Revue des sciences humaines,* 61, 1951, págs. 56-73.

GOUHIER, H., *Descartes,* J. Vrin, París, 1973.

HINTTIKA, J., «A Discourse on Descartes Method: Position, Principles. Examples», en *Descartes. Critical and Interpretive Essais,* Ed. M. Hooker, J. Hopkins University Press, Baltimore, 1978, págs. 74-88.

PEÑA GARCÍA, V., «Acerca de la "razón" en Descartes, reglas de la moral y reglas del método», en *Arbor,* núm. 112, 1982, págs. 167-183.

SCHOLTZ, H., *Mathesis Universalis,* Basilea/Stuttgart, 1969.
WEBER, J. P., *La constitution du texte des Regulae,* Sedes, París, 1964.
XIRAU, R., «Apuntes de una lectura de Descartes: primera parte del Discurso del método», en *Dianoía,* 29, 1983, págs. 105-120.

DISCURSO DEL MÉTODO

PREFACIO

PARA BIEN DIRIGIR LA RAZÓN Y BUSCAR LA VERDAD EN LAS CIENCIAS

Si este discurso parece demasiado largo para ser leído de una vez, puede dividirse en seis partes: en la primera se hallarán diferentes consideraciones acerca de las ciencias; en la segunda, las reglas principales del método que el autor ha buscado; en la tercera, algunas otras de moral que ha sacado de aquel método; en la cuarta, las razones con que prueba la existencia de Dios y del alma humana, que son los fundamentos de su metafísica; en la quinta, el orden de las cuestiones de física, que ha investigado y, en particular, la explicación del movimiento del corazón y de algunas otras dificultades que atañen a la medicina, y también la diferencia que hay entre nuestra alma y la de los animales; y en la última, las cosas que cree necesarias para llegar, en la investigación de la naturaleza, más allá de donde ha llegado, y las razones que le han impulsado a escribir [1].

---

[1] Este *Discurso* se imprimió en Leyden por vez primera en el año 1637. Iba seguido de tres ensayos científicos: la *Dióptrica,* los *Meteoros* y la *Geometría.*

PRIMERA PARTE

El buen sentido es la cosa mejor repartida del mundo, pues cada cual piensa que posee tan buena provisión de él, que aun los más descontentadizos respecto a cualquier otra cosa no suelen apetecer más del que ya tienen. En lo cual no es verosímil que todos se engañen, sino que más bien esto demuestra que la facultad de juzgar y distinguir lo verdadero de lo falso, que es propiamente lo que llamamos buen sentido o razón, es naturalmente igual en todos los hombres; y, por lo tanto, que la diversidad de nuestras opiniones no proviene de que unos sean más razonables que otros, sino tan sólo de que dirigimos nuestros pensamientos por derroteros diferentes y no consideramos las mismas cosas. No basta, en efecto, tener el ingenio bueno; lo principal es aplicarlo bien. Las almas más grandes son capaces de los mayores vicios, como de las mayores virtudes; y los que andan muy despacio pueden llegar mucho más lejos, si van siempre por el camino recto, que los que corren, pero se apartan de él.

Por mi parte, nunca he creído que mi ingenio fuese más perfecto que los ingenios comunes; hasta he deseado muchas veces tener el pensamiento tan rápido, o la imaginación tan nítida y distinta, o la memoria tan amplia y presente como algunos otros. Y no sé de otras cualidades sino ésas, que contribuyen a la perfección del ingenio; pues en lo que toca a la razón o al sentido, siendo, como es, la única cosa que nos hace hombres y nos distingue de los animales, quiero creer que está entera en cada uno de nosotros y seguir en esto la común opinión de los filósofos, que dicen que el más o el menos es sólo de los *accidentes,* mas no de las *formas* o naturalezas de los *individuos* de una misma *especie.*

Pero, sin temor, puedo decir que creo que fue una gran ventura para mí el haberme metido desde joven por ciertos caminos, que me han llevado a ciertas consideraciones y máximas, con las que he formado un método, en el cual paréceme que tengo un medio para aumentar gradualmente mi conocimiento y elevarlo poco a poco hasta el punto más alto a que la mediocridad de mi ingenio y la brevedad de mi vida puedan permitirle llegar. Pues tales frutos he recogido ya de ese método que aun cuando en el juicio que sobre mí mismo hago procuro siempre inclinarme del lado de la desconfianza mejor que del de la presunción, y aunque al mirar con ánimo filosófico las distintas acciones y empresas de los hombres no hallo casi ninguna que no me parezca vana e inútil, sin embargo, no deja de producir en mí una extremada satisfacción el progreso que pienso haber realizado ya en la investigación de la verdad, y concibo tales esperanzas para el porvenir[1] que si entre las ocupaciones que embargan a los hombres, puramente hombres, hay alguna que sea sólidamente buena e importante, me atrevo a creer que es la que yo he elegido por mía.

Puede ser, no obstante, que me engañe, y acaso lo que me parece oro puro y diamante fino no sea sino un poco de cobre y de vidrio. Sé cuán expuestos estamos a equivocarnos cuando de nosotros mismos se trata, y cuán sospechosos deben sernos también los juicios de los amigos que se pronuncian en nuestro favor. Pero me gustaría dar a conocer en el presente discurso los caminos que he seguido y representar en ellos mi vida como en un cuadro, para que cada cual pueda formar su juicio, y así, tomando luego conocimiento, por el rumor pú-

---

[1] Véase parte sexta de este *Discurso.*

blico, de las opiniones emitidas, sea éste un nuevo medio de instruirme, que añadiré a los que acostumbro emplear.

Mi propósito, pues, no es el de enseñar aquí el método que cada cual ha de seguir para dirigir bien su razón, sino sólo exponer el modo como yo he procurado conducir la mía [2]. Los que se meten a dar preceptos deben estimarse más hábiles que aquellos a quienes los dan, y son muy censurables si faltan en la cosa más mínima. Pero como yo no propongo este escrito sino a modo de historia o, si preferís, de fábula, en la que, entre ejemplos que podrán imitarse, irán acaso otros también que con razón no serán seguidos, espero que tendrá utilidad para algunos, sin ser nocivo para nadie, y que todo el mundo agradecerá mi franqueza.

Desde mi niñez fui criado en el estudio de las letras, y como me aseguraban que por medio de ellas se podía adquirir un conocimiento claro y seguro de todo cuanto es útil para la vida, sentía yo un vivísimo deseo de aprenderlas. Pero tan pronto como hube terminado el curso de los estudios, cuyo remate suele dar ingreso en el número de los hombres doctos, cambié por completo de opinión. Pues me embargaban tantas dudas y errores, que me parecía que, procurando instruirme, no había conseguido más provecho que el de descubrir cada vez más mi ignorancia. Y, sin embargo, estaba en una de las más famosas escuelas de Europa [3], en donde pensaba yo que debía haber hombres sabios, si los hay en algún lugar de la Tierra. Allí había

---

[2] En una carta ha explicado Descartes que si a este trabajo le ha puesto el título de *Discurso* y no de *Tratado del método,* es porque no se propone enseñar el método, sino sólo hablar de él, pues más que en teoría, consiste éste en una práctica asidua. Creía, en efecto, que la labor científica no requiere extraordinarias capacidades geniales; exige sólo un riguroso y paciente ejercicio del intelecto común, ateniéndose a las reglas del método. Dice en una ocasión: «Mis descubrimientos no tienen más mérito que el hallazgo que hiciere un aldeano de un tesoro que ha estado buscando mucho tiempo sin poderlo encontrar». Sobre este punto pensaba como Descartes nuestro filósofo español Sanz del Río.

[3] En el colegio de La Flèche, dirigido por los jesuitas.

aprendido todo lo que los demás aprendían; y no contento aún con las ciencias que nos enseñaban, recorrí cuantos libros pudieron caer en mis manos referentes a las ciencias que se consideran como las más curiosas y raras. Conocía, además, los juicios que se hacían de mi persona, y no veía que se me estimase en menos que a mis condiscípulos, entre los cuales algunos había ya destinados a ocupar los puestos que dejaran vacantes nuestros maestros. Por último, parecíame nuestro siglo tan floreciente y fértil en buenos ingenios como haya sido cualquiera de los precedentes. Por todo lo cual me tomaba la libertad de juzgar a los demás por mí mismo y de pensar que no había en el mundo doctrina alguna como la que se me había prometido anteriormente.

No dejaba por eso de estimar en mucho los ejercicios que se hacen en las escuelas. Sabía que las lenguas que en ellas se aprenden son necesarias para la inteligencia de los libros antiguos; que la gentileza de las fábulas despierta el ingenio; que las acciones memorables que cuentan las historias lo elevan, y que, leídas con discreción, ayudan a formar el juicio; que la lectura de todos los buenos libros es como una conversación con los mejores ingenios de los pasados siglos que los han compuesto, y hasta una conversación estudiada en la que no nos descubren sino lo más selecto de sus pensamientos; que la elocuencia posee fuerzas y bellezas incomparables; que la poesía tiene delicadezas y suavidades que arrebatan; que en las matemáticas hay sutilísimas invenciones que pueden ser de mucho servicio, tanto para satisfacer a los curiosos como para facilitar las artes todas y disminuir el trabajo de los hombres; que los escritos que tratan de las costumbres encierran varias enseñanzas y exhortaciones a la virtud, todas muy útiles; que la teología enseña a ganar el cielo; que la filosofía proporciona medios para hablar con verosimilitud de todas las cosas y hacerse admirar de los menos sabios [4]; que la jurisprudencia, la

---

[4] Trátase de la filosofía escolástica, que Descartes se propone arruinar y sustituir. Véanse págs. 95 y sigs. del presente *Discurso*.

medicina y demás ciencias honran y enriquecen a quienes las cultivan; y, por último, que es bien haberlas recorrido todas, aun las más supersticiosas y las más falsas, para conocer su justo valor y no dejarse engañar por ellas.

Pero creía también que ya había dedicado bastante tiempo a las lenguas e incluso a la lectura de los libros antiguos y a sus historias y a sus fábulas. Pues es casi lo mismo conversar con gentes de otros siglos que viajar. Bueno es saber algo de las costumbre de otros pueblos para juzgar las del propio con mayor acierto, y no creer que todo lo que sea contrario a nuestras modas es ridículo y opuesto a la razón, como suelen hacer los que no han visto nada. Pero el que emplea demasiado tiempo en viajar acaba por tornarse extranjero en su propio país; y al que estudia con demasiada curiosidad lo que se hacía en los siglos pretéritos ocúrrele de ordinario que permanece ignorante de lo que se practica en el presente. Además, las fábulas son causa de que imaginemos como posibles acontecimientos que no lo son; y aun las más fieles historias, supuesto que no cambien ni aumenten el valor de las cosas, para hacerlas más dignas de ser leídas omiten por lo menos, casi siempre, las circunstancias más bajas y menos ilustres, por lo cual sucede que lo restante no aparece tal como es, y que los que ajustan sus costumbres a los ejemplos que sacan de las historias se exponen a caer en las extravagancias de los paladines de nuestras novelas y concebir designios a que no alcanzan sus fuerzas.

Estimaba en mucho la elocuencia y era un enamorado de la poesía; pero pensaba que una y otra son dotes del ingenio más que frutos del erudito. Los que tienen más robusto razonar y digieren mejor sus pensamientos para hacerlos claros e inteligibles son los más capaces de llevar a los ánimos la persuasión sobre los que proponen, aunque hablen una pésima lengua y no hayan aprendido nunca retórica; y los que imaginan las más agradables invenciones, sabiéndolas expresar con mayor ornato y suavidad, serán siempre los mejores poetas, aun cuando desconozcan el arte poético.

Gustaba, sobre todo, de las matemáticas, por la certeza y evidencia que poseen sus razones; pero aún no advertía cuál era su verdadero uso, y pensando que sólo para las artes mecánicas servían, extrañábame que, siendo sus cimientos tan firmes y sólidos, no se hubiese construido sobre ellos nada más levantado [5]. Y, en cambio, los escritos de los antiguos paganos, referentes a las costumbres, comparábalos con palacios muy soberbios y magníficos, pero construidos sobre arena y barro; levantan muy en alto las virtudes y las presentan como las cosas más estimables que hay en el mundo, pero no nos enseñan bastante a conocerlas, y muchas veces dan ese hermoso nombre a lo que no es sino insensibilidad, orgullo, desesperación o parricidio [6].

Profesaba una gran reverencia por nuestra teología y, como cualquier otro, pretendía ya ganar el cielo. Pero habiendo aprendido, como cosa muy cierta, que el camino de la salvación está abierto para los ignorantes como para los doctos, y que las verdades reveladas que allá conducen están muy por encima de nuestra inteligencia, nunca me hubiera atrevido a someterlas a la flaqueza de mis razonamientos, pensando que para acometer la empresa de examinarlas y salir con bien de ella era preciso alguna extraordinaria ayuda del cielo, y ser, por lo tanto, algo más que hombre.

Nada diré de la filosofía sino que al ver que ha sido cultivada por los más excelentes ingenios que han vivido desde hace siglos, y, sin embargo, nada hay en ella que no sea objeto de disputa, y, por consiguiente, dudoso, no tenía yo la presunción de esperar acertar mejor que los demás; y considerando cuán diversas pueden ser las opiniones tocantes a una misma materia, sostenidas todas por gentes doctas, aun cuando no puede ser verdadera más que una sola, reputaba casi por falso todo lo que no fuera más que verosímil.

---

[5] Idea capital de la física moderna, fundada en las matemáticas.

[6] Alude a los estoicos. La desesperación se refiere probablemente a Catón de Útica, y el parricidio, a Bruto, matador de César.

Y en cuanto a las demás ciencias, ya que toman sus principios de la filosofía, pensaba yo que sobre tan endebles cimientos no podía haberse edificado nada sólido; y ni el honor ni el provecho que prometen, eran bastante para invitarme a aprenderlas; pues no me veía, gracias a Dios, en tal condición que hubiese de hacer de la ciencia un oficio con que mejorar mi fortuna, y aunque no profesaba el desprecio de la gloria a lo cínico, sin embargo, no estimaba en mucho aquella fama, cuya adquisición sólo merced a falsos títulos puede lograrse. Y, por último, en lo que toca a las malas doctrinas, pensaba que ya conocía bastante bien su valor para no dejarme burlar ni por las promesas de un alquimista, ni por las predicciones de un astrólogo, ni por los engaños de un mago, ni por los artificios o la presunción de los que profesan saber más de lo que saben.

Así, pues, tan pronto como estuve en edad de salir de la sujeción en que me tenían mis preceptores, abandoné del todo el estudio de las letras; y, resuelto a no buscar otra ciencia que la que pudiera hallar en mí mismo o en el gran libro del mundo, empleé el resto de mi juventud en viajar, en ver cortes y ejércitos [7], en cultivar la sociedad de gentes de condiciones y humores diversos, en recoger varias experiencias, en ponerme a mí mismo a prueba en los casos que la fortuna me deparaba, y en hacer siempre tales reflexiones sobre las cosas que se me presentaban que pudiera sacar algún provecho de ellas. Pues parecíame que podía hallar mucha más verdad en los razonamientos que cada uno hace acerca de los asuntos que le atañen, expuesto a que el suceso venga luego a castigarle, si ha juzgado mal, que en los que discurre un hombre de letras, encerrado en su despacho, acerca de especulaciones que no producen efecto alguno y que no tienen para él otras consecuencias, sino que acaso sean tanto mayor motivo para envanecerle cuanto más se aparten del sentido común, puesto que habrá te-

---

[7] Descartes salió del colegio en 1612; pasó cuatro años en París: viajó por Holanda y Alemania; entró en 1619 al servicio del duque de Baviera. En 1629 se retiró a Holanda y comenzó sus grandes obras.

nido que gastar más ingenio y artificio en procurar hacerlas verosímiles. Y siempre sentía un deseo extremado de aprender a distinguir lo verdadero de lo falso, para ver claro en mis actos y andar seguro por esta vida.

Es cierto que, mientras me limitaba a considerar las costumbres de los otros hombres, apenas hallaba cosa segura y firme, y advertía casi tanta diversidad como antes en las opiniones de los filósofos. De suerte que el mayor provecho que obtenía era que, viendo varias cosas que, a pesar de parecernos muy extravagantes y ridículas, no dejan de ser admitidas comúnmente y aprobadas por otros grandes pueblos, aprendía a no creer con demasiada firmeza aquello de lo que sólo el ejemplo y la costumbre me habían persuadido; y así me libraba poco a poco de muchos errores, que pueden ofuscar nuestra luz natural y tornarnos menos aptos para escuchar la voz de la razón. Mas cuando hube pasado varios años estudiando en el libro del mundo y tratando de adquirir alguna experiencia, resolvime un día estudiar también en mí mismo y a emplear todas las fuerzas de mi ingenio en la elección de la senda que debía seguir; lo cual me salió mucho mejor, según creo, que si no me hubiese nunca alejado de mi tierra y de mis libros.

SEGUNDA PARTE

Hallábame por entonces en Alemania, adonde me llamara la ocasión de unas guerras [1] que aún no han terminado; y volviendo de la coronación del emperador [2] hacia el ejército, cogiome el comienzo del invierno en un lugar en donde, no encontrando conversación alguna que me divirtiera y no teniendo tampoco, por fortuna, cuidados ni pasiones que perturbaran mi ánimo, permanecía el día entero solo y encerrado junto a una estufa, con toda la tranquilidad necesaria para entregarme a mis pensamientos [3]. Entre los cuales fue uno de los primeros el ocurrírseme considerar que muchas veces sucede que no hay tanta perfección en las obras compuestas de varios trozos y hechas por las manos de muchos maestros como en aquellas en que uno solo ha trabajado. Así vemos que los edificios que un solo arquitecto ha comenzado y rematado suelen ser más hermosos y mejor ordenados que aquellos otros que varios han tratado de componer y arreglar, utilizando antiguos muros, construidos para otros fines. Esas viejas ciudades, que no fueron al principio sino aldeas, y que, con el transcurso del

---

[1] La guerra de los Treinta Años.

[2] Fernando II, coronado emperador en Francfort en 1619.

[3] El descubrimiento del método puede fecharse con certeza el 10 de noviembre de 1619. Al menos, un manuscrito de Descartes lleva de su puño y letra el siguiente encabezamiento: *X Novembris 1619, cum plenus forem enthousiasmo et mirabilis scientiae fundamenta reperirem...*

tiempo han llegado a ser grandes urbes, están, por lo común, muy mal trazadas y acompasadas, si las comparamos con estas otras plazas regulares que un ingeniero diseña, según su fantasía, en una llanura; y aunque considerando sus edificios uno por uno encontraremos a menudo en ellos tanto o más arte que en los de estas últimas ciudades nuevas, sin embargo, viendo cómo están arreglados, aquí uno grande, allá otro pequeño, y cómo hacen las calles curvas y desiguales, diríase que más bien es la fortuna que la voluntad de unos hombres provistos de razón la que los ha dispuesto de esa suerte. Y si se considera que, sin embargo, siempre ha habido unos oficiales encargados de cuidar de que los edificios de los particulares sirvan al ornato público, bien se reconocerá cuán difícil es hacer cumplidamente las cosas cuando se trabaja sobre lo hecho por otros. Así, también imaginaba yo que esos pueblos que fueron antaño medio salvajes y han ido civilizándose poco a poco, haciendo sus leyes conforme les iba obligando la incomodidad de los crímenes y peleas, no pueden estar tan bien constituidos como los que, desde que se juntaron, han venido observando las constituciones de algún prudente legislador[4]. Como también es muy cierto que el estado de la verdadera religión, cuyas ordenanzas Dios sólo ha instituido, debe estar incomparablemente mejor arreglado que todos los demás. Y para hablar de las otras cosas humanas, creo que si Esparta ha sido antaño muy floreciente, no fue por causa de la bondad de cada una de sus leyes en particular, que algunas eran muy extrañas y hasta contrarias a las buenas costumbres, sino porque, habiendo sido inventadas por uno solo, todas tendían al mismo fin. Y así pensé yo que las ciencias de los libros, por lo menos aquellas cuyas razones son sólo probables y carecen de demostraciones, habiéndose compuesto y aumentado poco a poco con las opiniones de varias personas diferentes, no son

---

[4] Este intelectualismo, esta fe en la razón, a priori, es característica de la política y sociología de los siglos XVII y XVIII.

tan próximas a la verdad como los simples razonamientos que un hombre de buen sentido puede hacer, naturalmente, acerca de las cosas que se presentan. Y también pensaba yo que, como hemos sido todos nosotros niños antes de ser hombres y hemos tenido que dejarnos regir durante mucho tiempo por nuestros apetitos y nuestros preceptores, que muchas veces eran contrarios unos a otros, y ni unos ni otros nos aconsejaban siempre acaso lo mejor, es casi imposible que sean nuestros juicios tan puros y tan sólidos como lo fueran si, desde el momento de nacer, tuviéramos el uso pleno de nuestra razón y no hubiéramos sido nunca dirigidos más que por ésta.

Verdad es que no vemos que se derriben todas las casas de una ciudad con el único propósito de reconstruirlas de otra manera y de hacer más hermosas las calles; pero vemos que muchos particulares mandan echar abajo sus viviendas para reedificarlas, y muchas veces son forzados a ello cuando los edificios están en peligro de caerse por no ser ya muy firmes los cimientos. Ante cuyo ejemplo llegué a persuadirme de que no sería en verdad sensato que un particular se propusiera reformar un Estado cambiándolo todo desde los cimientos, y derribándolo para enderezarlo; ni aun siquiera reformar el cuerpo de las ciencias o el orden establecido en las escuelas para su enseñanza; pero que, por lo que toca a las opiniones, a las que hasta entonces había dado mi crédito, no podía yo hacer nada mejor que emprender de una vez la labor de suprimirlas, para sustituirlas luego por otras mejores o por las mismas, cuando las hubiere ajustado al nivel de la razón. Y tuve firmemente por cierto que, por este medio, conseguiría dirigir mi vida mucho mejor que si me contentase con edificar sobre cimientos viejos y me apoyase solamente en los principios que había aprendido siendo joven, sin haber examinado nunca si eran o no verdaderos. Pues si bien en esta empresa veía varias dificultades, no eran, empero, de las que no tienen remedio, ni pueden compararse con las que hay en la reforma de las menores cosas que atañen a lo público. Estos grandes cuerpos políticos es muy difícil levantarlos una vez que han sido derribados, o aun sostenerlos en pie cuando se tambalean, y sus caídas son necesariamente muy duras. Además, en lo tocante a sus imperfecciones, si las tienen —y sólo la diversidad que existe entre ellos basta para asegurar que varios las tienen—, el uso las ha suavizado mucho, sin duda, y hasta ha evitado o corregido insensiblemente no pocas entre ellas, que con la prudencia no hubieran podido remediarse tan eficazmente; y, por último, son casi siempre más soportables que lo sería el cambiarlas, como los caminos reales, que serpentean por las montañas, se hacen poco a poco tan llanos y cómodos por el mucho tránsito que es muy preferible seguirlos que no meterse en acortar, saltando por encima de las rocas y bajando hasta el fondo de las simas.

Por todo esto, no puedo en modo alguno aplaudir a esos hombres de carácter inquieto y atropellado que, sin ser llamados ni por su alcurnia ni por su fortuna al manejo de los negocios públicos, no dejan de hacer siempre, en idea, alguna reforma nueva, y si creyera que hay en este escrito la menor cosa que pudiera hacerme sospechoso de semejante insensatez, no hubiera consentido en su publicación [5]. Mis designios no han sido nunca otros que tratar de reformar mis propios pensamientos y edificar sobre un terreno que me pertenece a mí solo. Si, habiéndome gustado bastante mi obra, os enseño aquí el modelo, no significa esto que quiera yo aconsejar a nadie que me imite. Los que hayan recibido de Dios mejores y abundantes mercedes, tendrán, sin duda, más levantados propósitos, pero mucho me temo que este mío no sea ya demasiado audaz para algunas personas. Ya la mera resolución de deshacerse de todas las opiniones recibidas anteriormente no es un ejemplo que todos deban seguir. Y el mundo se compone casi

---

[5] Adviértase 1.º, que Descartes se da cuenta en todo lo que antecede de que el racionalismo y el librepensamiento no tienen límites en su aplicación; 2.º, por eso mismo procura, con mejor o peor fortuna, poner límites al espíritu de libre examen, y jura que no quiere hacer en el orden político y social la misma subversión que en el especulativo.

sólo de dos especies de ingenios a quienes este ejemplo no conviene en modo alguno, y son, a saber: de los que, creyéndose más hábiles de lo que son, no pueden contener la precipitación de sus juicios ni conservar la bastante paciencia para conducir ordenadamente todos sus pensamientos; por donde sucede que, si una vez se hubiesen tomado la libertad de dudar de los principios que han recibido y de apartarse del camino común, nunca podrán mantenerse en la senda que hay que seguir para ir más en derechura, y permanecerán extraviados toda su vida; y de otros que, poseyendo bastante razón o modestia para juzgar que son menos capaces de distinguir lo verdadero de lo falso que otras personas, de quienes pueden recibir instrucción, deben más bien contentarse con seguir las opiniones de esas personas que buscar por sí mismos otras mejores.

Y yo hubiera sido, sin duda, de esta última especie de ingenios, si no hubiese tenido en mi vida más que un solo maestro o no hubiese sabido cuán diferentes han sido, en todo tiempo, las opiniones de los más doctos. Mas habiendo aprendido en el colegio que no se puede imaginar nada, por extraño e increíble que sea, que no haya sido dicho por alguno de los filósofos, y habiendo visto luego, en mis viajes, que no todos los que piensan de modo contrario al nuestro son por ello bárbaros y salvajes, sino que muchos hacen tanto o más uso que nosotros de la razón; y habiendo considerado que un mismo hombre, con su mismo ingenio, si se ha criado desde niño entre franceses o alemanes, llega a ser muy diferente de lo que sería si hubiese vivido siempre entre chinos o caníbales, y que hasta en las modas de nuestros trajes, lo que nos ha gustado hace diez años, y acaso vuelva a gustarnos dentro de otros diez, nos parece hoy extravagante y ridículo, de suerte que más son la costumbre y el ejemplo los que nos persuaden que un conocimiento cierto; y que, sin embargo, la multitud de votos no es una prueba que valga para las verdades algo difíciles de descubrir, porque más verosímil es que un hombre solo dé con ellas que no todo un pueblo. No podía yo elegir a una persona cuyas opiniones me parecieran preferibles a las de las demás, y me vi como obligado a emprender por mí mismo la tarea de conducirme.

Pero como hombre que tiene que andar solo y en la oscuridad, resolví ir tan despacio y emplear tanta circunspección en todo que, a trueque de adelantar poco, me guardaría al menos muy bien de tropezar y caer. E incluso no quise empezar a deshacerme por completo de ninguna de las opiniones que pudieron antaño deslizarse en mi creencia sin haber sido introducidas por la razón, hasta después de pasar buen tiempo dedicado al proyecto de la obra que iba a emprender, buscando el verdadero método para llegar al conocimiento de todas las cosas de que mi espíritu fuera capaz.

Había estudiado un poco, cuando era más joven, de las partes de la filosofía, la lógica, y de las matemáticas, el análisis de los geómetras y el álgebra, tres artes o ciencias que debían, al parecer, contribuir algo a mi propósito. Pero cuando las examiné, hube de notar que en lo tocante a la lógica, sus silogismos y la mayor parte de las demás instrucciones que da, más sirven para explicar a otros las cosas ya sabidas o incluso, como el arte de Lulio[6], para hablar sin juicio de las ignoradas, que para aprenderlas. Y si bien contiene, en verdad, muchos buenos y verdaderos preceptos, hay, sin embargo, mezclados con ellos, tantos otros nocivos o superfluos, que separarlos es casi tan difícil como sacar una Diana o una Minerva de un bloque de mármol sin desbastar. Luego, en lo tocante al análisis[7] de los antiguos y al álgebra de los modernos, aparte de que no se refieren sino a muy abstractas materias, que no parecen ser de ningún uso, el primero está siempre tan constreñido a con-

---

[6] Raimundo Lulio había escrito una *Ars magna,* donde exponía una suerte de mecanismo intelectual, una especie de álgebra del pensamiento.

[7] Método que consiste en referir una proposición dada a otra más simple, ya conocida por verdadera, de suerte que luego, partiendo de ésta, puede aquélla deducirse. Es el procedimiento empleado para resolver problemas de geometría, suponiéndolos ya resueltos, y mostrando que las consecuencias que de esta suposición se derivan son teoremas conocidos. Pasa Platón por ser el inventor del análisis geométrico.

siderar las figuras, que no puede ejercitar el entendimiento sin cansar grandemente la imaginación; y en la segunda, tanto se han sujetado sus cultivadores a ciertas reglas y a ciertas cifras, que han hecho de ella un arte confuso y oscuro, bueno para enredar el ingenio, en lugar de una ciencia que lo cultive. Por todo lo cual, pensé que había que buscar algún otro método que juntase las ventajas de esos tres, excluyendo sus defectos. Y como la multitud de leyes sirve muy a menudo de disculpa a los vicios, siendo un estado mucho mejor regido cuando hay pocas, pero muy estrictamente observadas, así también, en lugar del gran número de preceptos que encierra la lógica, creí que me bastarían los cuatro siguientes, supuesto que tomase una firme y constante resolución de no dejar de observarlos una vez siquiera.

Fue el primero no admitir como verdadera cosa alguna, como no supiese con evidencia que lo es; es decir, evitar cuidadosamente la precipitación y la prevención, y no comprender en mis juicios nada más que lo que se presentase tan clara y distintamente a mi espíritu, que no hubiese ninguna ocasión de ponerlo en duda.

El segundo, dividir cada una de las dificultades que examinare en cuantas partes fuere posible y en cuantas requiriese su mejor solución.

El tercero, conducir ordenadamente mis pensamientos, empezando por los objetos más simples y más fáciles de conocer, para ir ascendiendo poco a poco, gradualmente, hasta el conocimiento de los más compuestos, e incluso suponiendo un orden entre los que no se preceden naturalmente.

Y el último, hacer en todos unos recuentos tan integrales y unas revisiones tan generales, que llegase a estar seguro de no omitir nada.

Esas largas series de trabadas razones muy plausibles y fáciles, que los geómetras acostumbran emplear, para llegar a sus más difíciles demostraciones, habíanme dado ocasión de imaginar de todas las cosas de que el hombre puede adquirir conocimiento se siguen unas a otras en igual manera, y que, con sólo abstenerse de admitir como verdadera una que no lo sea y guardar siempre el orden necesario para deducirlas unas de otras, no puede haber ninguna, por lejos que se halle situada o por oculta que esté, que no se llegue a alcanzar y descubrir. Y no me cansé mucho en buscar por cuáles era preciso comenzar, pues ya sabía que por las más simples y fáciles de conocer; y considerando que, entre todos los que hasta ahora han investigado la verdad en las ciencias, sólo los matemáticos han podido encontrar algunas demostraciones, esto es, algunas razones ciertas y evidentes, no dudaba de que había que empezar por las mismas que ellos han examinado, aun cuando no esperaba sacar de aquí ninguna otra utilidad, sino acostumbrar mi espíritu a saciarse de verdades y a no contentarse con falsas razones. Mas no por eso concebí el propósito de procurar aprender todas las ciencias particulares, denominadas comúnmente matemáticas, y viendo que, aunque sus objetos son diferentes, todas, sin embargo, coinciden en que no consideran sino las varias relaciones o proporciones que se encuentran en los tales objetos, pensé que más valía limitarse a examinar esas proporciones en general, suponiéndolas sólo en aquellos asuntos que sirviesen para hacerme más fácil su conocimiento, y hasta no sujetándolas a ellos de ninguna manera, para poder después aplicarlas tanto más libremente a todos los demás a que pudieran convenir [8]. Luego advertí que, para conocerlas, tendría a veces necesidad de considerar cada una de ellas en particular, y otras veces tan sólo retener o comprender varias juntas, y pensé que, para considerarlas mejor en particular, debía suponerlas en línea, porque no encontraba nada más simple y que más distintamente pudiera yo representar a comprender varias juntas, era necesario que las explicase en algunas cifras, las más cortas que fuera posible; y que, por este medio, tomaba lo mejor que hay en el análisis geomé-

---

8 Descartes intentó establecer los principios de una *matemática universal.*

trico y en el álgebra, y corregía así todos los defectos de una por el otro[9].

Y, efectivamente, me atrevo a decir que la exacta observación de los pocos preceptos por mí elegidos me dio tanta facilidad para desenmarañar todas las cuestiones de que tratan esas dos ciencias, que en dos o tres meses que empleé en examinarlas, habiendo comenzado por las más simples y generales, y siendo cada verdad que encontraba una regla que me servía luego para encontrar otras, no sólo conseguí resolver varias cuestiones, que antes había considerado como muy difíciles, sino que hasta me pareció también, hacia el final, que, incluso en las que ignoraba, podría determinar por qué medios y hasta dónde era posible resolverlas. En lo cual, acaso no me acusaréis de excesiva vanidad si consideráis que, supuesto que no hay sino una verdad en cada cosa, el que la encuentra sabe todo lo que se puede saber de ella; y que, por ejemplo, un niño que sabe aritmética y hace una suma conforme a las reglas, puede estar seguro de haber hallado acerca de la suma que examinaba todo cuanto el humano ingenio pueda hallar; porque, al fin y al cabo, el método que enseña a seguir el orden verdadero y a recontar exactamente las circunstancias todas de lo que se busca contiene todo lo que confiere certidumbre a las reglas de la aritmética.

Pero lo que más contento me daba en este método era que, con él, tenía la seguridad de emplear mi razón en todo, si no perfectamente, por lo menos lo mejor que fuera en mi poder. Sin contar con que, aplicándolo, sentía que mi espíritu se iba acostumbrando poco a poco a concebir los objetos con mayor claridad y distinción, y que, no habiéndolo sujetado a ninguna materia particular, prometíame aplicarlo con igual fruto a las dificultades de las otras ciencias, como lo había hecho a las del álgebra. No por eso me atreví a empezar luego a examinar todas las que se presentaban, pues eso mismo fuera contrario

---

9 La geometría analítica. Invento cartesiano.

al orden que el método prescribe; pero habiendo advertido que los principios de las ciencias tenían que estar todos tomados de la filosofía, en la que aún no hallaba ninguno que fuera cierto, pensé que ante todo era preciso procurar establecer algunos de esta clase, y, siendo esto la cosa más importante del mundo y en la que son más de temer la precipitación y la prevención, creí que no debía acometer la empresa antes de haber llegado a más madura edad que la de veintitrés años, que entonces tenía, y de haber dedicado buen espacio de tiempo a prepararme, desarraigando de mi espíritu todas las malas opiniones a que había dado entrada antes de aquel tiempo, haciendo también acopio de experiencias varias que fueran después la materia de mis razonamientos, y, por último, ejercitándome sin cesar en el método que me había prescrito, para afianzarlo mejor en mi espíritu.

TERCERA PARTE

Por último, como para empezar a reconstruir el alojamiento en donde uno habita, no basta haberlo derribado y haber hecho acopio de materiales y de arquitectos, o haberse ejercitado uno mismo en la arquitectura y haber trazado además cuidadosamente el diseño del nuevo edificio, sino que también hay que proveerse de alguna otra habitación en donde pasar cómodamente el tiempo que dure el trabajo; así, pues, con el fin de no permanecer irresoluto en mis acciones, mientras la razón me obligaba a serlo en mis juicios, y no dejar de vivir, desde luego, con la mejor ventura que pudiese, hube de arreglarme una moral provisional[1], que no consistía sino en tres o cuatro máximas, que con mucho gusto voy a comunicaros.

La primera fue seguir las leyes y las costumbres de mi país, conservando con firme constancia la religión en que la gracia de Dios hizo que me instruyeran desde niño, rigiéndome en todo lo demás por las opiniones más moderadas y más apartadas de todo exceso que fuesen comúnmente admitidas en la práctica por los más sensatos de aquellos con quienes tendría que vivir. Porque habiendo comenzado ya a no contar para nada con las mías propias, puesto que pensaba someterlas to-

---

[1] Nunca ha tratado Descartes por modo definitivo las cuestiones de moral. En sus *Cartas a la princesa Elisabeth* hay algunas indicaciones que concuerdan bastante con lo que va a leerse. El fondo de la ética de Descartes es principalmente estoico.

das a un nuevo examen, estaba seguro de que no podía hacer nada mejor que seguir las de los más sensatos. Y aun cuando entre los persas y los chinos hay quizá hombres tan sensatos como entre nosotros, parecíame que lo más útil era acomodarme a aquellos con quienes tendría que vivir; y que para saber cuáles eran sus verdaderas opiniones, debía fijarme más bien en lo que hacían que en lo que decían, no sólo porque, dada la corrupción de nuestras costumbres, hay pocas personas que consientan en decir lo que creen, sino también porque muchas lo ignoran, pues el acto del pensamiento por el cual uno cree una cosa es diferente de aquel otro por el cual uno conoce que la cree, y por lo tanto muchas veces se encuentra aquél sin éste. Y entre varias opiniones, igualmente admitidas, elegía las más moderadas, no sólo porque son siempre las más cómodas para la práctica, y verosímilmente las mejores, ya que todo exceso suele ser malo, sino también para alejarme menos del verdadero camino, en caso de error, si, habiendo elegido uno de los extremos, fuese el otro el que debiera seguirse. Y en particular consideraba yo como un exceso toda promesa por la cual se enajena una parte de la propia libertad: no que yo desaprobase las leyes que, para poner remedio a la inconstancia de los espíritus débiles, permiten cuando se tiene algún designio bueno, o incluso para la seguridad del comercio, en designios indiferentes, hacer votos o contratos obligándose a perseverancia: pero como no veía en el mundo cosa alguna que permaneciera siempre en el mismo estado, y como, en lo que a mí se refiere, esperaba perfeccionar más y más mis juicios, no empeorarlos, hubiera yo creído cometer una grave falta contra el buen sentido si, por sólo el hecho de aprobar por entonces alguna cosa, me obligara a tenerla también por buena más tarde, habiendo ella acaso dejado de serlo, o habiendo yo dejado de estimarla como tal.

Mi segunda máxima fue la de ser en mis acciones lo más firme y resuelto que pudiera y seguir tan constante en las más dudosas opiniones, una vez determinado a ellas, como si fuesen segurísimas, imitando en esto a los caminantes que, extraviados en algún bosque, no deben andar errantes dando vueltas por una y otra parte, ni menos detenerse en un lugar, sino caminar siempre lo más derecho que puedan hacia un sitio fijo, sin cambiar de dirección por leves razones, aun cuando en un principio haya sido sólo el azar el que les haya determinado a elegir ese rumbo, pues de este modo, si no llegan precisamente a donde quieren ir, por lo menos acabarán por llegar a alguna parte, en donde es de pensar que estarán mejor que no en medio del bosque. Y así, puesto que muchas veces las acciones de la vida no admiten demora, es verdad muy cierta que si no está en nuestro poder discernir las mejores opiniones, debemos seguir las más probables; y aunque no encontremos más probabilidad en unas que en otras, debemos, no obstante, decidirnos por algunas y considerarlas después, no ya como dudosas, en cuanto que se refieren a la práctica, sino como muy verdaderas y muy ciertas, porque la razón que nos ha determinado lo es. Y esto fue bastante para librarme desde entonces de todos los arrepentimientos y remordimientos que suelen agitar las conciencias de esos espíritus débiles y vacilantes que, sin constancia, se dejan arrastrar a practicar como buenas las cosas que luego juzgan malas [2].

Mi tercera máxima fue procurar siempre vencerme a mí mismo antes que a la fortuna, y alterar mis deseos antes que el orden del mundo, y generalmente acostumbrarme a creer que nada hay que esté enteramente en nuestro poder sino nuestros propios pensamientos [3], de suerte que después de haber obrado lo mejor que hemos podido, en lo tocante a las cosas exteriores, todo lo que falla en el éxito es para nosotros absolutamente imposible. Y esto solo me parecía bastante para apartarme en lo porvenir de desear algo sin conseguirlo y tenerme así contento; pues como nuestra voluntad no se determina naturalmente a desear sino las cosas que nuestro entendimiento

---

[2] Zenón recomendaba la constancia como condición de la virtud.

[3] La moral estoica enseñaba principalmente a hacer uso de los pensamientos, de las representaciones χρῆσις φαντασιῳν.

le representa en cierto modo como posibles, es claro que si todos los bienes que están fuera de nosotros los consideramos igualmente inasequibles a nuestro poder, no sentiremos pena alguna por carecer de los que parecen debidos a nuestro nacimiento, cuando nos veamos privados de ellos sin culpa nuestra, como no la sentimos por no ser dueños de los reinos de la China o de México; y haciendo, como suele decirse, de necesidad virtud, no sentiremos mayores deseos de estar sanos, estando enfermos, o de estar libres, estando encarcelados, que ahora sentimos de poseer cuerpos compuestos de materia tan poco corruptible como el diamante o alas para volar como los pájaros. Pero confieso que son precisos largos ejercicios y reiteradas meditaciones para acostumbrarse a mirar todas las cosas por ese ángulo; y creo que en esto consistía principalmente el secreto de aquellos filósofos que pudieron antaño sustraerse al imperio de la fortuna, y a pesar de los sufrimientos y la pobreza, entrar en competencia de ventura con los propios dioses [4]. Pues ocupados sin descanso en considerar los límites prescritos por la naturaleza, persuadíanse tan perfectamente de que nada tenían en su poder sino sus propios pensamientos, que esto sólo era bastante para impedirles sentir afecto hacia otras cosas; y disponían de esos pensamientos tan absolutamente, que tenían en esto cierta razón de estimarse más ricos y poderosos y más libres y bienaventurados que otros hombres, los cuales, no teniendo esta filosofía, no pueden, por mucho que les hayan favorecido la naturaleza y la fortuna, disponer nunca, como aquellos filósofos, de todo cuanto quieren.

En fin, como conclusión de esta moral, ocurrióseme considerar, una por una, las diferentes ocupaciones a que los hombres dedican su vida, para procurar elegir la mejor; y sin querer decir nada de las de los demás, pensé que no podía hacer nada mejor que seguir en la misma que tenía; es decir, aplicar

---

[4] Los estoicos se decían superiores a los dioses. Éstos, en efecto, son sabios y venturosos por naturaleza; el filósofo, merced a duro esfuerzo creador.

mi vida entera al cultivo de mi razón y a adelantar cuanto pudiera en el conocimiento de la verdad, según el método que me había prescrito. Tan extremado contento había sentido ya desde que empecé a servirme de este método, que no creía que pudiera recibirse otro más suave e inocente en esta vida; y descubriendo cada día, con su ayuda, algunas verdades que me parecían bastante importantes y generalmente ignoradas de los otros hombres, la satisfacción que experimentaba llenaba tan cumplidamente mi espíritu, que todo lo restante me era indiferente. Además, las tres máximas anteriores fundándose sólo en el propósito, que yo abrigaba, de continuar instruyéndome; pues habiendo dado Dios a cada hombre alguna luz con que discernir lo verdadero de lo falso, no hubiera yo creído que debía contentarme un solo momento con las opiniones ajenas, de no haberme propuesto usar de mi propio juicio para examinarlas cuando fuera de tiempo; y no hubiera podido librarme de escrúpulos, al seguirlas, si no hubiese esperado aprovechar todas las ocasiones para encontrar otras mejores, dado el caso que las hubiese; y, por último, no habría sabido limitar mis deseos y estar contento si no hubiese seguido un camino por donde, al mismo tiempo que asegurarme la adquisición de todos los conocimientos que yo pudiera, pensaba también del mismo modo llegar a adquirir todos los verdaderos bienes que estuviesen en mi poder; pues no determinándose nuestra voluntad a seguir o a evitar cosa alguna, sino porque nuestro entendimiento se la representa como buena o mala, basta juzgar bien para obrar bien[5], y juzgar lo mejor que se pueda, para obrar también lo mejor que se pueda; es decir, para adquirir todas las virtudes y con ellas cuantos bienes puedan lograrse; y cuando uno tiene la certidumbre de que ello es así, no puede por menos de estar contento.

Habiéndome, pues, afirmado en estas máximas, las cuales puse aparte juntamente con las verdades de la fe, que siempre

---

[5] Otra máxima intelectualista, sostenida asimismo por Sócrates.

han sido las primeras en mi creencia, pensé que de todas mis otras opiniones podía libremente empezar a deshacerme; y como esperaba conseguirlo mejor conversando con los hombres que permaneciendo por más tiempo encerrado en el cuarto en donde había meditado todos esos pensamientos, proseguí mi viaje antes de que el invierno estuviera del todo terminado. Y en los nueve años siguientes no hice otra cosa sino andar de acá para allá por el mundo, procurando ser más bien espectador que actor en las comedias que en él se representan; e instituyendo particulares reflexiones en toda materia sobre aquello que pudiera hacerla sospechosa y dar ocasión a equivocarnos, llegué a arrancar de mi espíritu, en todo ese tiempo, cuantos errores pudieron deslizarse anteriormente. Y no es que imitara a los escépticos [6], que dudan por sólo dudar y se las dan siempre de irresolutos; por el contrario, mi propósito no era otro que afianzarme en la verdad, apartando la tierra movediza y la arena, para dar con la roca viva o la arcilla. Lo cual, a mi parecer, conseguía bastante bien; tanto que, tratando de descubrir la falsedad o la incertidumbre de las proposiciones que examinaba, no mediante endebles conjeturas, sino por razonamientos claros y seguros, no encontraba ninguna tan dudosa que no pudiera sacar de ella alguna conclusión bastante cierta, aunque sólo fuese la de que no contenía nada cierto. Y así como al derribar una casa vieja suelen guardarse los materiales, que sirven para reconstruir la nueva, así también al destruir todas aquellas mis opiniones que juzgaba infundadas hacía yo varias observaciones y adquiría experiencias que me han servido después para establecer otras más ciertas. Y además seguía ejercitándome en el método que me había prescrito; pues sin contar con que cuidaba muy bien de conducir generalmente mis pensamientos según las citadas reglas, dedicaba de cuando en cuando algunas horas a practicarlas, parti-

---

[6] Véanse cuán equivocados están los que motejan de escéptico a Descartes. Sobre este punto, véase la Introducción del traductor.

cularmente en dificultades de matemáticas, o también en algunas otras que podía haber casi semejantes a las de las matemáticas, desligándolas de los principios de las otras ciencias, que no me parecían bastante firmes; todo esto puede verse en varias cuestiones que van explicadas en este mismo volumen[7]. Y así, viviendo en apariencia como los que no tienen otra ocupación que la de pasar una vida suave e inocente y se ingenian en separar los placeres de los vicios, y para gozar de su ocio sin hastío hacen uso de cuantas diversiones honestas están a su alcance, no dejaba yo de perseverar en mi propósito y de sacar provecho para el conocimiento de la verdad, más acaso, que si me contentara con leer libros o frecuentar las tertulias literarias.

Sin embargo, transcurrieron esos nueve años sin que tomara yo decisión alguna tocante a las dificultades de que suelen disputar los doctos, y sin haber comenzado a buscar los cimientos de una filosofía más cierta que la vulgar. Y el ejemplo de varios excelentes ingenios que han intentado hacerlo sin, a mi parecer, conseguirlo, me llevaba a imaginar en ello tanta dificultad, que no me hubiera atrevido quizá a emprenderlo tan presto si no hubiera visto que algunos propalaban el rumor de que lo había llevado a cabo. No me es posible decir qué fundamentos tendrían para emitir tal opinión, y si en algo he contribuido a ella, por mis dichos, debe de haber sido por haber confesado mi ignorancia con más candor que suelen hacerlo los que han estudiado un poco, y acaso también por haber dado a conocer las razones que tenía para dudar de muchas cosas que los demás consideran ciertas, mas no porque me haya preciado de poseer doctrina alguna. Pero como tengo el corazón bastante bien puesto para no querer que me tomen por otro distinto del que soy, pensé que era preciso procurar por todos los medios hacerme digno de la reputación que me daban; y hace

---

[7] Refiérese a los ensayos científicos, *Dióptrica, Meteoros* y *Geometría,* que se publicaron en el mismo tomo que este discurso.

ocho años, precisamente, ese deseo me decidió a alejarme de todos los lugares en donde podía tener algunas relaciones, y retirarme aquí [8], a un país donde la larga duración de la guerra ha sido causa de que se establezcan tales órdenes que los ejércitos que se mantienen parecen no servir sino para que los hombres gocen de los frutos de la paz con tanta mayor seguridad, y en donde, en medio de la multitud de un gran pueblo muy activo, más atento a los propios negocios que curioso de los ajenos, he podido, sin carecer de ninguna de las comodidades que hay en otras más frecuentadas ciudades, vivir tan solitario y retirado como en el más lejano desierto.

---

[8] En Holanda.

CUARTA PARTE

No sé si debo hablaros de las primeras meditaciones que hice allí, pues son tan metafísicas y tan fuera de lo común, que quizá no gusten a todo el mundo [1]. Sin embargo, para que se pueda apreciar si los fundamentos que he tomado son bastante firmes, me veo en cierta manera obligado a decir algo de esas reflexiones. Tiempo ha que había advertido que, en lo tocante a las costumbres, es a veces necesario seguir opiniones que sabemos muy inciertas, como si fueran indudables, y esto se ha dicho ya en la parte anterior; pero deseando yo en esta ocasión ocuparme tan sólo de indagar la verdad, pensé que debía hacer lo contrario y rechazar como absolutamente falso todo aquello en que pudiera imaginar la menor duda, con el fin de ver si, después de hecho esto, no quedaría en mi creencia algo que fuera enteramente indudable. Así, puesto que los sentidos nos engañan, a las veces, quise suponer que no hay cosa alguna que sea tal y como ellos nos la presentan en la imaginación; y puesto que hay hombres que yerran al razonar, aun acerca de los más simples asuntos de geometría, y cometen paralogismos, juzgué que yo estaba tan expuesto al error como otro cualquiera, y rechacé como falsas todas las razones que anteriormente había tenido por demostrativas; y, en fin, considerando que todos los pensamientos que nos vienen estando des-

[1] La metafísica de Descartes está expuesta en las *Meditaciones metafísicas.*

piertos pueden también ocurrírsenos durante el sueño, sin que ninguno entonces sea verdadero, resolví fingir que todas las cosas que hasta entonces habían entrado en mi espíritu no eran más verdaderas que las ilusiones de mis sueños. Pero advertí luego que, queriendo yo pensar, de esa suerte, que todo es falso, era necesario que yo, que lo pensaba, fuese alguna cosa; y observando que esta verdad: «yo pienso, luego soy», era tan firme y segura que las más extravagantes suposiciones de los escépticos no son capaces de conmoverla, juzgué que podía recibirla, sin escrúpulo, como el primer principio de la filosofía que andaba buscando.

Examiné después atentamente lo que yo era, y viendo que podía fingir que no tenía cuerpo alguno y que no había mundo ni lugar alguno en el que yo me encontrase, pero que no podía fingir por ello que no fuese, sino al contrario, por lo mismo que pensaba en dudar de la verdad de las otras cosas, se seguía muy cierta y evidentemente que yo era, mientras que, con sólo dejar de pensar, aunque todo lo demás que había imaginado fuese verdad, no tenía razón alguna para creer que yo era, conocí por ello que yo era una sustancia cuya esencia y naturaleza toda es pensar, y que no necesita, para ser, de lugar alguno, ni depende de cosa alguna material; de suerte que este yo, es decir, el alma por la cual yo soy lo que soy, es enteramente distinta del cuerpo y hasta más fácil de conocer que éste, y, aunque el cuerpo no fuese, el alma no dejaría de ser cuanto es.

Después de esto, consideré, en general, lo que se requiere en una proposición para que sea verdadera y cierta, pues ya que acababa de hallar una que sabía que lo era, pensé que debía saber también en qué consiste esa certeza. Y habiendo notado que en la proposición «yo pienso, luego soy» no hay nada que me asegure que digo verdad, sino que veo muy claramente que para pensar es preciso ser, juzgué que podía admitir esta regla general: que las cosas que concebimos muy clara y distintamente son todas verdaderas, y que sólo hay alguna dificultad en notar cuáles son las que concebimos distintamente.

Después de lo cual, hube de reflexionar que, puesto que yo dudaba, no era mi ser enteramente perfecto, pues veía claramente que hay más perfección en conocer que en dudar; y se me ocurrió entonces indagar por dónde había yo aprendido a pensar en algo más perfecto que yo; y conocí evidentemente que debía de ser por alguna naturaleza que fuese efectivamente más perfecta. En lo que se refiere a los pensamientos, que en mí estaban, de varias cosas exteriores a mí, como son el cielo, la tierra, la luz, el calor y otros muchos, no me preocupaba mucho el saber de dónde procedían, porque, no viendo en esos pensamientos nada que me pareciese hacerlos superiores a mí, podía creer que, si eran verdaderos, eran unas dependencias de mi naturaleza, en cuanto que ésta posee alguna perfección, y si no lo eran, procedían de la nada, es decir, estaban en mí, porque hay defecto en mí. Pero no podía suceder otro tanto con la idea de un ser más perfecto que mi ser, pues era cosa manifiestamente imposible que la tal idea procediese de la nada; y como no hay la menor repugnancia en pensar que lo más perfecto sea consecuencia y dependencia de lo menos perfecto que en pensar que de nada provenga algo, no podía tampoco proceder de mí mismo; de suerte que sólo quedaba que hubiese sido puesta en mí por una naturaleza verdaderamente más perfecta que yo, y poseedora inclusive de todas las perfecciones de que yo pudiera tener idea; esto es, para explicarlo en una palabra, por Dios. A esto añadí que, supuesto que yo conocía algunas perfecciones que me faltaban, no era yo el único ser que existiese (aquí, si lo permitís, haré uso libremente de los términos de la escuela), sino que era absolutamente necesario que hubiese algún otro ser más perfecto de quien yo dependiese y de quien hubiese adquirido todo cuanto yo poseía; pues si yo fuera solo e independiente de cualquier otro ser, de tal suerte que de mí mismo procediese lo poco en que participaba del Ser perfecto, hubiera podido tener por mí mismo también, por idéntica razón, todo lo demás que yo sabía faltarme, y ser, por lo tanto, yo infinito, eterno, inmutable, omnisciente, omnipotente y, en fin, poseer todas las perfecciones que podía advertir en Dios. Pues en virtud de los razonamientos que acabo de hacer, para conocer la naturaleza de Dios, hasta donde la mía es capaz de conocerla, bastábame considerar todas las cosas de que hallara en mí mismo alguna idea y ver si era o no perfección el poseerlas, y estaba seguro de que ninguna de las que indicaban alguna imperfección está en Dios, pero todas las demás sí están en Él; así veía que la duda, la inconstancia, la tristeza y otras cosas semejantes no pueden estar en Dios, puesto que mucho me holgara yo de verme libre de ellas. Además, tenía yo ideas de varias cosas sensibles y corporales, pues aun suponiendo que soñaba y que todo cuanto veía e imaginaba era falso, no podía negar, sin embargo, que esas ideas estuvieran verdaderamente en mi pensamiento. Mas habiendo ya conocido en mí muy claramente que la naturaleza inteligente es distinta de la corporal, y considerando que toda composición denota dependencia, y que la dependencia es manifiestamente un defecto, juzgaba por ello que no podía ser una perfección en Dios el componerse de esas dos naturalezas, y que, por consiguiente, Dios no era compuesto; en cambio, si en el mundo había cuerpos, o bien algunas inteligencias u otras naturalezas que no fuesen del todo perfectas, su ser debía depender del poder divino, hasta el punto de no poder subsistir sin él un solo instante.

Quise indagar luego otras verdades; y habiéndome propuesto el objeto de los geómetras, que concebía yo como un cuerpo continuo o un espacio infinitamente extenso en longitud, anchura y altura o profundidad, divisible en varias partes que pueden tener varias figuras y magnitudes y ser movidas o trasladadas en todos los sentidos, pues los geómetras suponen todo eso en su objeto, repasé algunas de sus más simples demostraciones, y habiendo advertido que esa gran certeza que todo el mundo atribuye a estas demostraciones se funda tan sólo en que se conciben con evidencia, según la regla antes dicha, advertí también que no había nada en ellas que me asegurase de la existencia de su objeto, pues, por ejemplo, yo veía bien que, si suponemos un triángulo, es necesario que los tres ángulos sean iguales a dos rectos; pero nada veía que me asegurase que en el mundo hay triángulo alguno; en cambio, si volvía a examinar la idea que yo tenía de un ser perfecto, encontraba que la existencia está comprendida en ella del mismo modo que en la idea de un triángulo está comprendido el que sus ángulos sean iguales a dos rectos, o en la de una esfera el que todas sus partes sean igualmente distantes del centro, y hasta con más evidencia aún; y que, por consiguiente, tan cierto es por lo menos que Dios, que es ese ser perfecto, es o existe, como lo pueda ser una demostración de geometría.

Pero si hay algunos que están persuadidos de que es difícil conocer lo que sea Dios, y aun lo que sea el alma, es porque no levantan nunca su espíritu por encima de las cosas sensibles y están tan acostumbrados a considerarlo todo con la imaginación —que es un modo de pensar particular para las cosas materiales— que lo que no es imaginable les parece no ser inteligible. Lo cual está bastante manifiesto en la máxima que los mismos filósofos admiten como verdadera en las escuelas, y que dicen que nada hay en el entendimiento que no haya estado antes en el sentido [2], en donde, sin embargo, es cierto que nunca han estado las ideas de Dios y del alma; y me parece que los que quieren hacer uso de su imaginación para comprender esas ideas, son como los que para oír los sonidos u oler los olores quisieran emplear los ojos; y aún hay esta diferencia entre aquéllos y éstos: que el sentido de la vista no nos asegura menos de la verdad de sus objetivos que el olfato y el oído de los suyos, mientras que ni la imaginación ni los sentidos pueden asegurarnos nunca cosa alguna, como no intervenga el entendimiento.

En fin, si aún hay hombres a quienes las razones que he presentado no han convencido bastante de la existencia de Dios y del alma, quiero que sepan que todas las demás cosas que acaso crean más seguras, como son que tienen un cuerpo, que hay astros, y una tierra, y otras semejantes son, sin embargo,

---

[2] *Nihil est in intellectu, quod non prius fuerit in sensu.*

menos ciertas; pues si bien tenemos una seguridad moral de esas cosas, tan grande que parece que, a menos de ser un extravagante, no puede nadie ponerlas en duda, sin embargo, cuando se trata de una certidumbre metafísica, no se puede negar, a no ser perdiendo la razón, que no sea bastante motivo, para no estar totalmente seguro, el haber notado que podemos de la misma manera imaginar en sueños que tenemos otro cuerpo y que vemos otros astros y otra tierra, sin que ello sea así. Pues, ¿cómo sabremos que los pensamientos que se nos ocurren durante el sueño son falsos, y que no lo son los que tenemos despiertos, si muchas veces sucede que aquéllos no son menos vivos y expresos que éstos? Y por mucho que estudien los mejores ingenios, no creo que puedan dar ninguna razón bastante para levantar esa duda, como no presupongan la existencia de Dios. Pues en primer lugar, esa misma regla que antes he tomado, a saber, que las cosas que concebimos muy clara y distintamente son todas verdaderas, esa misma regla recibe su certeza sólo de que Dios es o existe, y de que es un ser perfecto, y de que todo lo que está en nosotros proviene de Él; de donde se sigue que, siendo nuestras ideas o nociones, cuando son claras y distintas, cosas reales y procedentes de Dios, no pueden por menos de ser también, en ese respecto, verdaderas. De suerte que si tenemos con bastante frecuencia ideas que encierran falsedad, es porque hay en ellas algo confuso y oscuro, y en este respecto participan de la nada; es decir, que si están así confusas en nosotros, es porque no somos totalmente perfectos. Y es evidente que no hay menos repugnancia en admitir que la falsedad o imperfección proceda como tal de Dios mismo, que en admitir que la verdad o la perfección procede de la nada. Mas si no supiéramos que todo cuanto en nosotros es real y verdadero proviene de un ser perfecto e infinito, entonces, por claras y distintas que nuestras ideas fuesen, no habría razón alguna que nos asegurase que tienen la perfección de ser verdaderas.

Así, pues, habiéndonos testimoniado el conocimiento de Dios y del alma la certeza de esa regla, resulta bien fácil conocer que los ensueños que imaginamos dormidos no deben, en manera alguna, hacernos dudar de la verdad de los pensamientos que tenemos despiertos. Pues si ocurriese que en sueños tuviera una persona una idea muy clara y distinta, como, por ejemplo, que inventase un geómetra una demostración nueva, no sería ello motivo para impedirle ser verdadera; y en cuanto al error más corriente en muchos sueños, que consiste en representarnos varios objetos del mismo modo como nos los representan los sentidos exteriores, no debe importarnos que nos dé ocasión de desconfiar de la verdad de esas tales ideas, porque también pueden engañarnos con frecuencia durante la vigilia, como los que tienen ictericia lo ven todo amarillo, o como los astros y otros cuerpos muy lejanos nos parecen mucho más pequeños de lo que son. Pues, en último término, despiertos o dormidos, no debemos dejarnos persuadir nunca sino por la evidencia de la razón. Y nótese bien que digo de la razón, no de la imaginación ni de los sentidos; como asimismo, porque veamos el sol muy claramente, no debemos por ello juzgar que sea del tamaño que le vemos; y muy bien podemos imaginar distintamente una cabeza de león pegada al cuerpo de una cabra, sin que por eso haya que concluir que en el mundo existe la quimera, pues la razón no nos dice que lo que así vemos o imaginamos sea verdadero, pero nos dice que todas nuestras ideas o nociones deben tener algún fundamento de verdad; pues no fuera posible que Dios, que es todo perfecto y verdadero, las pusiera sin eso en nosotros; y puesto que nuestros razonamientos nunca son tan evidentes y tan enteros cuando soñamos como cuando estamos despiertos, si bien a veces nuestras imaginaciones son tan vivas y expresivas y hasta más en el sueño que en la vigilia, por eso nos dice la razón que, no pudiendo ser verdaderos todos nuestros pensamientos, porque no somos totalmente perfectos, deberá infaliblemente hallarse la verdad más bien en los que pensemos estando despiertos que en los que tengamos en sueños.

QUINTA PARTE

Mucho me agradaría proseguir y exponer aquí el encadenamiento de las otras verdades que deduje de esas primeras; pero como para ello sería necesario que hablase ahora de varias cuestiones que controvierten los doctos, con quienes no deseo indisponerme, creo que mejor será que me abstenga y me limite a decir en general cuáles son, para dejar que otros más sabios juzguen si sería útil o no que el público recibiese más amplia y detenida información[1]. Siempre he permanecido firme en la resolución que tomé de no suponer ningún otro principio que el que me ha servido para demostrar la existencia de Dios y del alma, y de no admitir cosa alguna por verdadera que no me pareciese más clara y más cierta que las demostraciones de los geómetras; y, sin embargo, me atrevo a decir que no sólo he encontrado la manera de satisfacerme en poco tiempo, en punto a las principales dificultades que suelen tratarse en la filosofía, sino que también he notado ciertas leyes que Dios ha establecido en la naturaleza y cuyas nociones ha impreso en nuestras almas, de tal suerte que, si reflexionamos sobre ellas con bastante detenimiento, no podremos dudar de que se cumplen exactamente en todo cuanto hay o se hace en el mundo. Considerando luego la serie de esas leyes, me parece que he descubierto varias verdades más útiles y más

---

[1] Alusión a la condena de Galileo.

importantes que todo lo que anteriormente había aprendido o incluso esperado aprender.

Mas habiendo procurado explicar las principales de entre ellas en un tratado que, por algunas consideraciones, no puedo explicar, lo mejor será, para darlas a conocer, que diga aquí sumariamente lo que ese tratado contiene. Propúseme poner en él todo cuanto yo creía saber, antes de escribirlo, acerca de la naturaleza de las cosas materiales. Pero así como los pintores, no pudiendo representar igualmente bien, en un cuadro liso, todas las diferentes caras de un objeto sólido, eligen una de las principales, que vuelven hacia la luz, y representan las demás en la sombra, es decir, tales como pueden verse cuando se mira a la principal, así también, temiendo yo no poder poner en mi discurso todo lo que había en mi pensamiento, hube de limitarme a explicar muy ampliamente mi concepción de la luz; con esta ocasión, añadí algo acerca del Sol y de las estrellas fijas, porque casi toda la luz viene de esos cuerpos; de los cielos, que la transmiten; de los planetas, de los cometas y de la Tierra, que la reflejan; y en particular, de todos los cuerpos que hay sobre la Tierra, que son o coloreados, o transparentes, o luminosos; y, por último, del hombre, que es el espectador. Y para dar un poco de sombra a todas esas cosas y poder declarar con más libertad mis juicios, sin la obligación de seguir o de refutar las opiniones admitidas entre los doctos, resolví abandonar este mundo nuestro a sus disputas y hablar sólo de lo que ocurriría en otro mundo nuevo, si Dios crease ahora en los espacios imaginarios bastante materia para componerlo, y, agitando diversamente y sin orden las varias partes de esa materia, formase un caos tan confuso como pueden fingirlo los poetas, sin hacer luego otra cosa que prestar su ordinario concurso a la naturaleza, dejándola obrar según las leyes por él establecidas. Así, primeramente describí esa materia y traté de representarla, de tal suerte que no hay, a mi parecer, nada más claro e inteligible[2], excepto

[2] La materia es extensión únicamente.

lo que antes hemos dicho de Dios y del alma, pues hasta supuse expresamente que no hay en ella ninguna de esas formas o cualidades de que disputan las escuelas [3], ni en general ninguna otra cosa cuyo conocimiento no sea tan natural a nuestras almas que no se pueda ni siquiera fingir que se ignora. Hice ver, además, cuáles eran las leyes de la naturaleza; y sin fundar más razones en ningún otro principio que las infinitas perfecciones de Dios, traté de demostrar todas aquellas sobre las que pudiera haber alguna duda, y procuré probar que son tales que, aun cuando Dios hubiese creado varios mundos, no podría haber uno en donde no se observaran cumplidamente. Después de esto, mostré cómo la mayor parte de la materia de ese caos debía, a consecuencia de esas leyes, disponerse y arreglarse de cierta manera que la hacía semejante a nuestros cielos; cómo, entre tanto, algunas de sus partes habían de componer una Tierra, y algunas otras, planetas y cometas, y algunas otras, un Sol y estrellas fijas. Y aquí, extendiéndome sobre el tema de la luz, expliqué por lo menudo cuál era la que debía haber en el Sol y en las estrellas y cómo desde allí atravesaba en un instante los espacios inmensos de los cielos y cómo se reflejaba desde los planetas y los cometas hacia la Tierra. Añadí también algunas cosas acerca de la sustancia, la situación, los movimientos y todas las varias cualidades de esos cielos y esos astros, de suerte que pensaba haber dicho lo bastante para que se conociera que nada se observa, en los de este mundo, que no deba o, al menos, no pueda parecer en un todo semejante a los de ese otro mundo que yo describía. De ahí pasé a hablar particularmente de la Tierra; expliqué cómo, aun habiendo supuesto expresamente que el Creador no dio ningún peso a la materia de que está compuesta, no por eso dejaban todas sus partes de dirigirse exactamente hacia su centro; cómo, habiendo agua y aire en su superficie, la disposición de

---

[3] Entidades que se añaden a la materia para determinarla cualitativamente.

los cielos y de los astros, principalmente de la Luna, debía causar un flujo y reflujo semejante en todas sus circunstancias al que se observa en nuestros mares, y además una cierta corriente, tanto del agua como del aire, que va de Levante a Poniente, como la que se observa también entre los trópicos; cómo las montañas, los mares, las fuentes y los ríos podían formarse naturalmente, y los metales producirse en las minas, y las plantas crecer en los campos, y, en general, engendrarse todos esos cuerpos llamados mezclas o compuestos. Y entre otras cosas, no conociendo yo, después de los astros, nada en el mundo que produzca luz, sino el fuego, me esforcé por dar claramente a entender todo cuanto a la naturaleza de éste pertenece, cómo se produce, cómo se alimenta, cómo a veces da calor sin luz y otras luz sin calor; cómo puede prestar varios colores a varios cuerpos y varias otras cualidades; cómo funde unos y endurece otros; cómo puede consumirlos casi todos o convertirlos en cenizas y humo; y, por último, cómo de esas cenizas, por sólo la violencia de su acción, forma vidrio; pues esta transmutación de las cenizas en vidrio, pareciéndome tan admirable como ninguna otra de las que ocurren en la naturaleza, tuve especial agrado de describirla.

Sin embargo, de todas esas cosas no quería yo inferir que este mundo nuestro haya sido creado de la manera que yo explicaba, porque es mucho más verosímil que, desde el comienzo, Dios lo puso tal y como debía ser. Pero es cierto —y esta opinión es comúnmente admitida entre los teólogos— que la acción por la cual Dios lo conserva es la misma que la acción por la cual lo ha creado[4]; de suerte que, aun cuando no le hubiese dado en un principio otra forma que la del caos, con haber establecido las leyes de la naturaleza y haberle prestado su concurso para obrar como ella acostumbra, puede creerse, sin menoscabo del milagro de la creación, que todas las cosas, que son puramente materiales, habrían podido, con el tiempo,

[4] Teoría de la creación continua.

llegar a ser como ahora las vemos; y su naturaleza es mucho más fácil de concebir cuando se ven nacer poco a poco de esa manera que cuando se consideran ya hechos del todo.

De la descripción de los cuerpos inanimados y de las plantas pasé a la de los animales y, particularmente, a la de los hombres. Mas no teniendo aún bastante conocimiento para hablar de ellos con el mismo estilo que de los demás seres, es decir, demostrando los efectos por las causas y haciendo ver de qué semillas y en qué manera debe producirlos la naturaleza, me limité a suponer que Dios formó el cuerpo de un hombre enteramente igual a uno de los nuestros, tanto en la figura exterior de sus miembros como en la inferior conformación de sus órganos, sin componerlo de otra materia que la que yo había descrito anteriormente y sin darle al principio alma alguna razonable, ni otra cosa que sirviera de alma vegetativa o sensitiva, sino excitando en su corazón uno de esos fuegos sin luz, ya explicados por mí y que yo concebía de igual naturaleza que el que calienta el heno encerrado antes de estar seco o el que hace que los vinos nuevos hiervan cuando se dejan en la cuba con su hollejo; pues examinando las funciones que, a consecuencia de ello, podía haber en ese cuerpo, hallaba que eran exactamente las mismas que pueden realizarse en nosotros, sin que pensemos en ellas y, por consiguiente, sin que contribuya en nada nuestra alma, es decir, esa parte distinta del cuerpo, de la que se ha dicho anteriormente que su naturaleza es sólo pensar[5]; y siendo esas funciones las mismas todas, puede decirse que los animales desprovistos de razón son semejantes a nosotros, pero en cambio no se puede encontrar en ese cuerpo ninguna de las que dependen del pensamiento, que son, por lo tanto, las únicas que nos pertenecen en cuanto hombres; pero ésas las encontraba yo luego, suponiendo que Dios creó un alma razonable y la añadió al cuerpo, de cierta manera que yo describía.

---

[5] Todos los fenómenos vitales que no sean de pensamiento pueden explicarse mecánicamente, según Descartes. Véase más adelante su teoría de los animales máquinas.

Mas para que pueda verse el modo cómo estaba tratada esta materia, voy a poner aquí la explicación del movimiento del corazón y de las arterias que, siendo el primero y más general que se observa en los animales, servirá para que juzgue luego fácilmente lo que deba pensarse de todos los demás. Y para que sea más fácil de comprender lo que voy a decir, desearía que los que no estén versados en anatomía se tomen el trabajo, antes de leer esto, de mandar cortar en su presencia el corazón de algún animal grande, que tenga pulmones, pues en un todo se parece bastante al del hombre, y que vean las dos cámaras o concavidades que hay en él; primero, la que está en el lado derecho, a la que van a parar dos tubos muy anchos, a saber: la vena cava, que es el principal receptáculo de la sangre y como el tronco del árbol, cuyas ramas son las demás venas del cuerpo, y la vena arteriosa, cuyo nombre está mal puesto, porque es, en realidad, una arteria que sale del corazón y se divide luego en varias ramas que van a repartirse por los pulmones en todos los sentidos; segundo, la que está en el lado izquierdo, a la que van a parar del mismo modo dos tubos tan anchos o más que los anteriores, a saber: la arteria venosa, cuyo nombre está también mal puesto, porque no es sino una vena que viene de los pulmones, en donde está dividida en varias ramas entremezcladas con las de la vena arteriosa y con las del conducto llamado caño del pulmón, por donde entra el aire de la respiración; y la gran arteria, que sale del corazón y distribuye sus ramas por todo el cuerpo. También quisiera yo que vieran con mucho cuidado los once pellejillos que, como otras tantas puertecitas, abren y cierran los cuatro orificios que hay en esas dos concavidades, a saber: tres a la entrada de la vena cava, en donde están tan bien dispuestos que no pueden en manera alguna impedir que la sangre entre en la concavidad derecha del corazón, y, sin embargo, impiden muy exactamente que pueda salir; tres a la entrada de la vena arteriosa, los cuales están dispuestos en modo contrario y permiten que la sangre que hay en esta concavidad pase a los pulmones, pero no que la que está en los pulmones vuelva a entrar en esa concavidad; dos a la entrada de la arteria venosa, los cuales dejan correr la sangre desde los pulmones hasta la concavidad izquierda del corazón, pero se oponen a que vaya en sentido contrario; y tres a la entrada de la gran arteria, que permiten que la sangre salga del corazón, pero le impiden que vuelva a entrar. Y del número de estos pellejos no hay que buscar otra razón sino que el orificio de la arteria venosa, siendo ovalado, a causa del sitio en donde se halla, puede cerrarse cómodamente con dos, mientras que los otros, siendo circulares, pueden cerrarse mejor con tres. Quisiera yo, además, que considerasen que la gran arteria y la vena arteriosa están hechas de una composición mucho más pura y firme que la arteria venosa y la vena cava, y que estas dos últimas se ensanchan antes de entrar en el corazón, compuestas de una carne semejante a la de éste; y que siempre hay más calor en el corazón que en ningún otro sitio del cuerpo; y, por último, que este calor es capaz de hacer que si entran algunas gotas de sangre en sus concavidades, se inflen muy luego y se dilaten, como ocurre generalmente a todos los líquidos cuando caen gota a gota en algún vaso muy caldeado.

Dicho esto, basta añadir, para explicar el movimiento del corazón, que cuando sus concavidades no están llenas de sangre, entra necesariamente sangre de la vena cava en la de la derecha, y de la arteria venosa en la de la izquierda, tanto más cuanto que estos dos vasos están siempre llenos, y sus orificios, que miran hacia el corazón, no pueden por entonces estar tapados; pero tan pronto como de ese modo han entrado dos gotas de sangre, una en cada concavidad, estas gotas, que por fuerza son muy gruesas, porque los orificios por donde entran son muy anchos y los vasos de donde vienen están muy llenos de sangre, se expanden y dilatan a causa del calor en que caen, por donde sucede que hinchan todo el corazón y empujan y cierran las cinco puertecillas que están a la entrada de los dos vasos de donde vienen, impidiendo que baje más sangre al corazón; y continúan dilatándose cada vez más, con lo que empujan y abren las otras seis puertecillas, que están a la entrada de los otros dos vasos, por los cuales salen entonces, produciendo así una hinchazón en todas las ramas de la vena arteriosa y de la gran arteria, casi al mismo tiempo que en el corazón; éste se desinfla muy luego, como asimismo sus arterias, porque la sangre que ha entrado en ellas se enfría, y las seis puertecillas vuelven a cerrarse, y las cinco de la vena cava y de la arteria venosa vuelven a abrirse, dando paso a otras dos gotas de sangre, que a su vez, hinchan el corazón y las arterias como anteriormente. Y porque la sangre, antes de entrar en el corazón, pasa por esas dos bolsas llamadas orejas, de ahí viene que el movimiento de éstas sea contrario al de aquél, y que éstas se desinflen cuando aquél se infla. Por lo demás, para que los que no conocen la fuerza de las demostraciones matemáticas y no tienen costumbre de distinguir las razones verdaderas de las verosímiles no se aventuren a negar esto que digo sin examinarlo, he de advertirles que el movimiento que acabo de explicar se sigue necesariamente de la sola disposición de los órganos que están a la vista en el corazón y del calor que, con los dedos, puede sentirse en esta víscera y de la naturaleza de la sangre que, por experiencia, puede conocerse, como el movimiento de un reloj se sigue de la fuerza, de la situación y de la figura de sus contrapesos y de sus ruedas.

Pero si se pregunta cómo la sangre de las venas no se acaba, al entrar así continuamente en el corazón, y cómo las arterias no se llenan suficientemente, puesto que toda la que pasa por el corazón viene a ellas, no necesito contestar otra cosa que lo que ya ha escrito un médico de Inglaterra[6], a quien hay que reconocer el mérito de haber abierto brecha en este punto y de ser el primero que ha enseñado que hay en las extremidades de las arterias varios pequeños corredores por donde la sangre que llega del corazón pasa a las ramillas extremas de las venas

[6] Harvey había descubierto la circulación de la sangre en 1629.

y de aquí vuelve luego al corazón, de suerte que el curso de la sangre es una circulación perpetua. Y esto lo prueba muy bien por medio de la experiencia ordinaria de los cirujanos, quienes, habiendo atado el brazo con mediana fuerza por encima del sitio en donde abren la vena, hacen que la sangre salga más abundante que si no hubiesen atado el brazo; y ocurriría todo lo contrario si lo ataran más abajo, entre la mano y la herida, o si lo ataran con mucha fuerza por encima. Porque es claro que la atadura hecha con mediana fuerza puede impedir que la sangre que hay en el brazo vuelva al corazón por las venas, pero no que acuda nueva sangre por las arterias, porque éstas van por debajo de las venas, y siendo sus pellejos más duros, son menos fáciles de oprimir; y también porque la sangre que viene del corazón tiende con más fuerza a pasar por las arterias hacia la mano, que no a volver de la mano hacia el corazón por las venas; y puesto que la sangre sale del brazo por el corte que se ha hecho en una de las venas, es necesario que haya algunos pasos por la parte debajo de la atadura, es decir, hacia las extremidades del brazo, por donde la sangre pueda venir de las arterias. También prueba muy bien lo que dice del curso de la sangre, por la existencia de ciertos pellejos que están de tal modo dispuestos en diferentes lugares, a lo largo de las venas, que no permiten que la sangre vaya desde el centro del cuerpo a las extremidades, y sí sólo que vuelva de las extremidades al corazón; y además, la experiencia demuestra que toda la sangre que hay en el cuerpo puede salir en poco tiempo por una sola arteria que se haya cortado, aun cuando, habiéndose atado la arteria muy cerca del corazón, se haya hecho el corte entre éste y la atadura, de tal suerte que no haya ocasión de imaginar que la sangre vertida pueda venir de otra parte.

Pero hay otras muchas cosas que dan fe de que la verdadera causa de ese movimiento de la sangre es la que he dicho; como son primeramente la diferencia que se nota entre la que sale de las venas y la que sale de las arterias, diferencia que no puede venir sino de que habiéndose ratificado y como destilado la sangre, al pasar por el corazón, es más sutil y más viva y más caliente en saliendo de éste, es decir, estando en las arterias, que poco antes de entrar, o sea, estando en las venas. Y si bien se mira, se verá que esa diferencia no aparece del todo sino cerca del corazón y no tanto en los lugares más lejanos; además, la dureza del pellejo de que están hechas la vena arteriosa y la gran arteria es buena prueba de que la sangre las golpea con más fuerza que a las venas. Y ¿cómo explicar que la concavidad izquierda del corazón y la gran arteria sean más amplias y anchas que la concavidad derecha y la vena arteriosa, sino porque la sangre de la arteria venosa, que antes de pasar por el corazón no ha estado más que en los pulmones, es más sutil y se expande mejor y más fácilmente que la que viene inmediatamente de la vena cava? ¿Y qué es lo que los médicos pueden averiguar, al tomar el pulso, si no es que, según que la sangre cambie de naturaleza, puede el calor del corazón distenderla con más o menos fuerza y más o menos velocidad? Y si inquirimos cómo este calor se comunica a los demás miembros, habremos de convenir en que es por medio de la sangre que, al pasar por el corazón, se calienta y se reparte luego por todo el cuerpo, de donde se sucede que, si quitamos sangre de una parte, quitámosle asimismo el calor, y aun cuando el corazón estuviere ardiendo como un hierro candente, no bastaría a calentar los pies y las manos, como lo hace, si no les enviase de continuo sangre nueva. También por esto se conoce que el uso verdadero de la respiración es introducir en el pulmón aire fresco bastante para conseguir que la sangre que viene de la concavidad derecha del corazón, en donde ha sido dilatada y como cambiada en vapores, se espese y se convierta de nuevo en sangre antes de volver a la concavidad izquierda, sin la cual no pudiera ser apta para servir de alimento al fuego que hay en la dicha concavidad; y una confirmación de esto es que vemos que los animales que no tienen pulmones poseen una sola concavidad en el corazón, y que los niños, que estando en el seno materno no pueden usar de los pulmones, tienen un orificio por donde pasa sangre de la vena cava a la concavidad izquierda del corazón, y un conducto por donde va de la vena arteriosa a la gran arteria, sin pasar por el pulmón. Además, ¿cómo podría hacerse la cocción de los alimentos en el estómago si el corazón no enviase calor a esta víscera por medio de las arterias, añadiéndose algunas de las más suaves partes de la sangre, que ayudan a disolver las viandas? Y la acción que convierte en sangre el jugo de esas viandas, ¿no es fácil de conocer si se considera que, al pasar una y otra vez por el corazón, se destila quizá más de cien o doscientas veces al día? Y para explicar la nutrición y la producción de los varios humores que hay en el cuerpo, ¿qué necesidad hay de otra cosa, sino decir que la fuerza con que la sangre, al dilatarse, pasa del corazón a las extremidades de las arterias es causa de que algunas de sus partes se detienen entre las partes de los miembros, en donde se hallan, tomando el lugar de otras que expulsan, y que, según la situación o la figura, o la pequeñez de los poros que encuentran, van unas a alojarse en ciertos lugares y otras en ciertos otros, del mismo modo como hacen las cribas que, por estar agujereadas de diferente modo, sirven para separar unos de otros los granos de varios tamaños? Y, por último, lo que hay de más notable en todo esto es la generación de los espíritus animales, que son como un sutilísimo viento, o más bien como una purísima y vivísima llama, la cual asciende de continuo muy abundante desde el corazón al cerebro y se corre luego por los nervios a los músculos y pone en movimiento todos los miembros; y para explicar cómo las partes de la sangre más agitadas y penetrantes van hacia el cerebro, más bien que a otro lugar cualquiera, no es necesario imaginar otra causa sino que las arterias que las conducen son las que salen del corazón en línea más recta, y, según las reglas de los mecanismos, que son las mismas que las de la naturaleza, cuando varias cosas tienden juntas a moverse hacia un mismo lado, sin que haya espacio bastante para recibirlas todas, como ocurre a las partes de la sangre que salen de la concavidad izquierda del corazón y tienden todas hacia el cerebro, las más fuertes deben dar de lado a las más endebles y menos agitadas y, por lo tanto, ser las únicas que lleguen[7].

Había yo explicado, con bastante detenimiento, todas estas cosas en el tratado que tuve el propósito de publicar. Y después había mostrado cuál debe ser la fábrica[8] de los nervios y de los músculos del cuerpo humano para conseguir que los espíritus animales, estando dentro, tengan fuerza bastante a mover los miembros, como vemos que las cabezas, poco después de cortadas aún se mueven y muerden la tierra, a pesar de que ya no están animadas; cuáles cambios deben verificarse en el cerebro para causar la vigilia, el sueño y los ensueños; cómo la luz, los sonidos, los olores, los sabores, el calor y demás cualidades de los objetos exteriores pueden imprimir en el cerebro varias ideas, por medio de los sentidos; cómo también pueden enviar allí las suyas al hambre, la sed y otras pasiones interiores; qué por la memoria que las conserva, y qué por la fantasía que puede cambiarlas diversamente y componer otras nuevas, y también puede, por idéntica manera, distribuir los espíritus animales en los músculos y poner en movimiento los miembros del cuerpo, acomodándolos a los objetos que se presentan a los sentidos y a las pasiones interiores en tantos varios modos cuantos movimientos puede hacer nuestro cuerpo sin que la voluntad los guíe[9]; lo cual no parecerá de ninguna manera extraño a los que, sabiendo cuántos *autómatas* o máquinas semovientes puede construir la industria humana, sin emplear sino poquísimas piezas, en comparación de la gran muchedumbre de huesos, músculos, nervios, arterias, venas y demás partes que hay en el cuerpo de un animal, consideren

---

[7] La segunda ley del movimiento, descubierta por Descartes, es que cada parte de la materia tiende a proseguir su movimiento en línea recta por la tangente o la curva que recorría el móvil. Así pues, para explicar un movimiento en línea curva, y, en general, para explicar toda desviación de la línea recta, han de intervenir otras causas que alteren la primera impulsión.

[8] Fábrica vale tanto como organización mecánica.

[9] Nótese cómo Descartes explica mecánicamente todas las operaciones inferiores del alma, cuya esencia reduce sólo a pensar.

este cuerpo como una máquina que, por ser hecha de manos de Dios, está incomparablemente mejor ordenada y posee movimientos más admirables que ninguna otra de las que pueden inventar los hombres. Y aquí me extendí particularmente haciendo ver que si hubiese máquinas tales que tuviesen los órganos y figura exterior de un mono o de otro animal cualquiera, desprovisto de razón, no habría medio alguno que nos permitiera conocer que no son en todo de igual naturaleza que esos animales; mientras que si las hubiera que semejasen a nuestros cuerpos e imitasen nuestras acciones, cuanto fuere moralmente posible, siempre tendríamos dos medios muy ciertos para reconocer que no por eso son hombres verdaderos; y es el primero, que nunca podrían hacer uso de palabras u otros signos, componiéndolos, como hacemos nosotros, para declarar nuestros pensamientos a los demás, pues si bien se puede concebir que una máquina esté de tal modo hecha que profiera palabras, y hasta que las profiera a propósito de acciones corporales que causen alguna alteración en sus órganos, como, *verbi gratia,* si se la toca en una parte, que pregunte lo que se quiere decirle, y si en otra, que grite que se le hace daño, y otras cosas por el mismo estilo, sin embargo, no se concibe que ordene en varios modos las palabras para contestar al sentido de todo lo que en su presencia se diga, como pueden hacerlo aun los más estúpidos de entre los hombres; y es el segundo que, aun cuando hicieran varias cosas tan bien y acaso mejor que ninguno de nosotros, no dejarían de fallar en otras, por donde se descubriría que no obran por conocimiento, sino sólo por la disposición de sus órganos, pues mientras que la razón es un instrumento universal, que puede servir en todas las coyunturas, esos órganos, en cambio, necesitan una particular disposición para cada acción particular; por donde sucede que es moralmente imposible que haya tantas y tan varias disposiciones en una máquina que puedan hacerla obrar en todas las ocurrencias de la vida de la manera como la razón nos hace obrar a nosotros. Ahora bien, por esos dos medios puede conocerse también la diferencia que hay entre los hombres y los brutos, pues es cosa muy de notar que no hay hombre, por estúpido y embobado que esté, sin exceptuar los locos, que no sea capaz de arreglar un conjunto de varias palabras y componer un discurso que dé a entender sus pensamientos; y, por el contrario, no hay animal, por perfecto y felizmente dotado que sea, que pueda hacer otro tanto. Lo cual no sucede porque a los animales les falten órganos, pues vemos que las urracas y los loros pueden proferir, como nosotros, palabras, y, sin embargo, no pueden, como nosotros, hablar, es decir, dar fe de que piensan lo que dicen; en cambio los hombres que, habiendo nacido sordos y mudos, están privados de los órganos que a los otros sirven para hablar, suelen inventar por sí mismos unos signos, por donde se declaran a los que, viviendo con ellos, han conseguido aprender su lengua. Y esto no sólo prueba que las bestias tienen menos razón que los hombres, sino que no tienen ninguna, pues ya se ve que basta muy poca para saber hablar; y supuesto que se advierten desigualdades entre los animales de una misma especie, como entre los hombres, siendo unos más fáciles de adiestrar que otros, no es de creer que un mono o un loro, que fuese de lo más perfecto en su especie, no igualara a un niño de los más estúpidos o, por lo menos, a un niño cuyo cerebro estuviera turbado, si no fuera que su alma es de naturaleza totalmente diferente a la nuestra. Y no deben confundirse las palabras con los movimientos naturales que delatan las pasiones, los cuales pueden ser imitados por las máquinas tan bien como por los animales, ni debe pensarse, como pensaron algunos antiguos, que las bestias hablan, aunque nosotros no comprendemos su lengua, pues si eso fuera verdad, puesto que poseen varios órganos parecidos a los nuestros, podrían darse a entender de nosotros como de sus semejantes. Es también muy notable cosa que, aun cuando hay varios animales que demuestran más industria que nosotros en algunas de sus acciones, sin embargo, vemos que esos mismos no demuestran ninguna en muchas otras; de suerte que eso que hacen mejor que nosotros no prueba que tengan ingenio, pues en ese caso tendrían más que ninguno de nosotros y harían mejor que nosotros todas las demás cosas, sino más bien prueba que no tienen ninguno y que es la naturaleza la que en ellos obra, por la disposición de sus órganos, como vemos que un reloj, compuesto sólo de ruedas y resortes, puede contar las horas y medir el tiempo más exactamente que nosotros con toda nuestra prudencia.

Después de todo esto, había yo descrito el alma razonable y mostrado que en manera alguna puede seguirse de la potencia de la materia, como las otras cosas de que he hablado, sino que ha de ser expresamente creada; y no basta que esté alojada en el cuerpo humano, como un piloto en su navío, a no ser acaso para mover sus miembros, sino que es necesario que esté junta y unida al cuerpo más estrechamente, para tener sentimientos y apetitos semejantes a los nuestros y comprender así un hombre verdadero. Por lo demás, me he extendido aquí un tanto sobre el tema del alma, porque es de los más importantes; que después del error de los que niegan a Dios, error que pienso haber refutado bastantemente en lo que precede, no hay nada que más aparte a los espíritus endebles del recto camino de la virtud que el imaginar que el alma de los animales es de la misma naturaleza que la nuestra, y que, por consiguiente, nada hemos de temer ni esperar tras esta vida, como nada temen ni esperan las moscas y las hormigas; mientras que si sabemos cuán diferentes somos de los animales, entenderemos mucho mejor las razones que prueban que nuestra alma es de naturaleza enteramente independiente del cuerpo y, por consiguiente, que no está atenida a morir con él; y puesto que no vemos otras causas que la destruyan, nos inclinaremos naturalmente a juzgar que es inmortal.

SEXTA PARTE

Hace tres años que llegué al término del tratado en donde están todas esas cosas, y empezaba a revisarlo para entregarlo a la imprenta, cuando supe que unas personas a quienes profeso deferencia y cuya autoridad no es menos poderosa sobre mis acciones que mi propia razón sobre mis pensamientos, habían reprobado una opinión de física publicada poco antes por otro[1], no quiero decir que yo fuera de esa opinión, sino sólo que nada había notado en ella, antes de verla así censurada, que me pareciese perjudicial ni para la religión ni para el Estado y, por lo tanto, nada que me hubiese impedido escribirla, de habérmela persuadido la razón. Esto me hizo temer no fuera a haber alguna también entre las mías en la que me hubiese engañado, no obstante el muy gran cuidado que siempre he tenido de no admitir en mi creencia ninguna opinión nueva que no esté fundada en certísimas demostraciones, y de no escribir ninguna que pudiere venir en menoscabo de alguien. Y esto fue bastante a obligarme a mudar la resolución que había tomado de publicar aquel tratado; pues aun cuando las razones que me empujaron a tomar antes esa resolución fueron muy fuertes, sin embargo, mi inclinación natural, que me ha lle-

---

[1] Galileo y su teoría del movimiento de la Tierra. Descartes compartía la opinión de Galileo. «Si el movimiento de la Tierra no es verdad —escribe al padre Marsenne—, todos los fundamentos de mi filosofía son falsos también».

vado siempre a odiar el oficio de hacer libros, me proporcionó en seguida otras para excusarme. Y tales son esas razones, de una y de otra parte, que no sólo me interesa a mí decirlas aquí, sino que acaso también interese al público conocerlas.

Nunca he atribuido gran valor a las cosas que provienen de mi espíritu; y mientras no he recogido del método que uso otro fruto sino el hallar la solución de algunas dificultades pertenecientes a las ciencias especulativas, o el llevar adelante el arreglo de mis costumbres, en conformidad con las razones que ese método me enseñaba, no me he creído obligado a escribir nada. Pues en lo tocante a las costumbres, es tanto lo que cada uno abunda en su propio sentido, que podrían contarse tantos reformadores como hay hombres, si a todo el mundo, y no sólo a los que Dios ha establecido soberanos de sus pueblos o a los que han recibido de Él la gracia y el celo suficiente para ser profetas, le fuera permitido dedicarse a modificarlas en algo; y en cuanto a mis especulaciones, aunque eran muy de mi gusto, he creído que los demás tendrían otras también que acaso les gustaran más. Pero tan pronto como hube adquirido algunas nociones generales de la física y comenzado a ponerlas a prueba en varias dificultades particulares, notando entonces cuán lejos pueden llevarnos y cuán diferentes son de los principios que se han usado hasta ahora, creí que conservarlas ocultas era grandísimo pecado, que infringía la ley que nos obliga a procurar el bien general de todos los hombres en cuanto ello esté en nuestro poder. Pues esas nociones me han enseñado que es posible llegar a conocimientos muy útiles para la vida, y que, en lugar de la filosofía especulativa enseñada en las escuelas, es posible encontrar una práctica, por medio de la cual, conociendo la fuerza y las acciones del fuego, del agua, del aire, de los astros, de los cielos y de todos los demás cuerpos que nos rodean, tan distintamente como conocemos los oficios varios de nuestros artesanos, podríamos aprovecharlas del mismo modo en todos los usos a que sean propias, y de esa suerte hacernos como dueños y poseedores de la naturaleza. Lo cual es muy de desear, no sólo por la invención de una infinidad de artificios que nos permitirían gozar sin ningún trabajo de los frutos de la tierra y de todas las comodidades que hay en ella, sino también principalmente por la conservación de la salud, que es, sin duda, el primer bien y el fundamento de los otros bienes de esta vida, porque el espíritu mismo depende del temperamento y de la disposición de los órganos del cuerpo que, si es posible encontrar algún medio para hacer que los hombres sean comúnmente más sabios y más hábiles que han sido hasta aquí, creo que es en la medicina en donde hay que buscarlo. Verdad es que la que ahora se usa contiene pocas cosas de tan notable utilidad, pero sin que esto sea querer despreciarla, tengo por cierto que no hay nadie, ni aun los que han hecho de ella su profesión, que no confiese que cuanto sabe, en esa ciencia, no es casi nada comparado con lo que queda por averiguar, y que podríamos librarnos de una infinidad de enfermedades, tanto del cuerpo como del espíritu, y hasta quizá la debilidad que la vejez nos trae, si tuviéramos bastante conocimiento de sus causas y de todos los remedios de que la naturaleza nos ha provisto. Y como yo había concebido el designio de emplear mi vida entera en las investigaciones de tan necesaria ciencia, y como había encontrado un camino que me parecía que, siguiéndolo, se debe infaliblemente dar con ella, a no ser que lo impida la brevedad de la vida o la falta de experiencia, juzgaba que no hay mejor remedio contra esos dos obstáculos sino comunicar al público lo poco que hubiera encontrado e invitar a los buenos ingenios a que traten de seguir adelante, contribuyendo cada cual, según su inclinación y sus fuerzas, a las experiencias que habría que hacer, y comunicar asimismo al público todo cuanto averiguaran, con el fin de que, empezando los últimos por donde hayan terminado sus predecesores, y juntando así las vidas y los trabajos de varios, llegásemos todos juntos mucho más allá de donde puede llegar uno en particular.

Y aún observé, en lo referente a las experiencias, que son tanto más necesarias cuanto más se ha adelantado en el conocimiento, pues al principio es preferible usar de las que se presentan por sí mismas a nuestros sentidos y que no podemos ignorar por poca reflexión que hagamos, que buscar otras más raras y estudiadas; y la razón de esto es que esas más raras nos engañan muchas veces, si no sabemos ya las causas de las otras más comunes y que las circunstancias de que dependen son casi siempre tan particulares y tan pequeñas, que es muy difícil notarlas. Pero el orden que he llevado en esto ha sido el siguiente: primero he procurado hallar, en general, los principios o primeras causas de todo lo que en el mundo es o puede ser, sin considerar para este efecto nada más que Dios sólo, que lo ha creado, ni sacarlas de otro origen, sino de ciertas semillas de verdades, que están naturalmente en nuestras almas; después he examinado cuáles sean los primeros y más ordinarios efectos que de estas causas pueden derivarse, y me parece que por tales medios he encontrado unos cielos, unos astros, una Tierra, y hasta en la Tierra, agua, aire, fuego, minerales y otras cosas que, siendo las más comunes de todas y las más simples, son también las más fáciles de conocer. Luego, cuando quise descender a las más particulares, presentáronseme tantas y tan varias, que no he creído que fuese posible al espíritu humano distinguir las formas o especies de cuerpos que están en la Tierra de muchísimas otras que pudieran estar en ella, si la voluntad de Dios hubiera sido ponerlas y, por consiguiente, que no es posible tampoco referirlas a nuestro servicio, a no ser que salgamos al encuentro de las causas por los efectos y hagamos uso de varias experiencias particulares. En consecuencia, hube de repasar en mi espíritu todos los objetos que se habían presentado ya a mis sentidos, y no vacilo en afirmar que nada vi en ellos que no pueda explicarse, con bastante comodidad, por medio de los principios hallados por mí. Pero debo asimismo confesar que es tan amplia y tan vasta la potencia de la naturaleza, y que no observo casi ningún efecto particular sin en seguida conocer qué puede derivarse de ellos en varias diferentes maneras, y mi mayor dificultad es, por lo común, encontrar por cuál de esas maneras depende de aquellos principios; y no sé otro remedio a esa dificultad que el buscar algunas experiencias que sean tales que no se produzca del mismo modo el efecto, si la explicación que hay que dar es ésta o si es aquella otra. Además, a tal punto he llegado ya, que veo bastante bien, a mi parecer, el rodeo que hay que tomar para hacer esos efectos, pero también veo que son tantas y tales, que ni mis manos ni mis rentas, aunque tuviese mil veces más de lo que tengo, bastarían a todas, de suerte que, según tenga en adelante comodidad para hacer más o menos, así también adelantaré más o menos en el conocimiento de la naturaleza; todo lo cual pensaba dar a conocer en el tratado que había escrito, mostrando tan claramente la utilidad que el público puede obtener, que obligase a cuantos desean en general el bien de los hombres, es decir, a cuantos son virtuosos efectivamente y no por apariencia falsa y mera opinión, a comunicarme las experiencias que ellos hubieran hecho y a ayudarme en la investigación de las que aún me quedan por hacer.

Pero de entonces acá hánseme ocurrido otras razones que me han hecho cambiar de opinión y pensar que debía en verdad seguir escribiendo cuantas cosas juzgara de alguna importancia, conforme fuera descubriendo su verdad, y poniendo en ello el mismo cuidado que si las tuviera que imprimir, no sólo porque así disponía de mayor espacio para examinarlas bien (pues sin duda mira uno con más atención lo que piensa que otros han de examinar que lo que hace para sí solo, y muchas cosas que me han parecido verdaderas cuando he comenzado a concebirlas, he conocido luego que son falsas cuando he ido a estamparlas en el papel), sino también para no perder ocasión de servir al público, si soy en efecto capaz de ellos, y porque, si mis escritos valen algo, puedan usarlos como crean más conveniente los que los posean después de mi muerte; pero pensé que no debía en manera alguna consentir que fueran publicados mientras yo viviera, para que ni las oposiciones y controversias que acaso suscitaran, ni aun la reputación, fuere cual fuere, que me pudieran proporcionar me dieran ocasión de perder el tiempo que me propongo emplear en instruirme. Pues si bien es cierto que todo hombre está obligado a procurar el bien de los demás en cuanto puede, y que propiamente no vale nada quien a nadie sirve, sin embargo, también es cierto que nuestros cuidados han de sobrepasar el tiempo presente y que es bueno prescindir de ciertas cosas, que quizá fueran de algún provecho para los que ahora viven, cuando es para hacer otras cosas que han de ser más útiles aún a nuestros nietos. Y, en efecto, es bueno que se sepa que lo poco que hasta aquí he aprendido no es casi nada en comparación de lo que ignoro y no desconfío de poder aprender; que a los que van descubriendo poco a poco la verdad en las ciencias les acontece casi lo mismo que a los que empiezan a enriquecerse, que les cuesta menos trabajo, siendo ya algo ricos, hacer grandes adquisiciones, que antes, cuando eran pobres, recoger pequeñas ganancias. También pueden compararse con los jefes de ejército, que crecen en fuerzas conforme ganan batallas, y necesitan más atención y esfuerzo para mantenerse después de una derrota que para tomar ciudades y conquistar provincias después de una victoria; que verdaderamente es como dar batallas el tratar de vencer todas las dificultades y errores que nos impiden llegar al conocimiento de la verdad, y es como perder una el admitir opiniones falsas acerca de alguna materia un tanto general e importante; y hace falta después mucha más destreza para volver a ponerse en el mismo estado en que se estaba, para hacer grandes progresos, cuando se poseen ya principios bien asegurados. En lo que a mí respecta, sí he logrado hallar algunas verdades en las ciencias (y confío que lo que va en este volumen demostrará que algunas he encontrado), puedo decir que no son sino consecuencias y dependencias de cinco o seis principales dificultades que he resuelto y que considero como otras tantas batallas en donde he tenido la fortuna de mi lado; y hasta me atreveré a decir que pienso que no necesito ganar sino otras dos o tres como ésas para llegar al término de mis propósitos, y que no es tanta mi edad que no pueda disponer aún del tiempo necesario para ese efecto. Pero por eso mismo, tanto más obligado me creo a ahorrar el tiempo que me queda, cuantas mayores esperanzas tengo de poderlo emplear bien; y sobrevendrían, sin duda, muchas ocasiones de perderlo si publicase los fundamentos de mi física, pues aun cuando son tan evidentes todos que basta entenderlos para creerlos, y no hay uno solo del que no pueda dar demostraciones, sin embargo, como es imposible que concuerden con todas las varias opiniones de los demás hombres, preveo que suscitarán oposiciones que me distraerían un poco de mi labor.

Puede objetarse a esto diciendo que esas opiniones serían útiles no sólo porque me darían a conocer mis propias faltas, sino también porque, de haber en mí algo bueno, los demás hombres adquirirían por ese medio una mejor inteligencia de ello; y como muchos ven más que uno solo, si comenzaren desde luego a hacer uso de mis principios, me ayudarían también con sus invenciones.

Pero aun cuando me conozco como muy expuesto a errar, hasta el punto de no fiarme casi nunca de los primeros pensamientos que se me ocurren, sin embargo, la experiencia que tengo de las objeciones que puedan hacerme me quita la esperanza de obtener de ellas algún provecho; pues ya muchas veces he podido examinar los juicios ajenos, tanto los pronunciados por quienes he considerado como amigos míos como los emitidos por otros, a quienes yo pensaba ser indiferente, y hasta los de algunos cuya malignidad y envidia sabía yo que habían de procurar descubrir lo que el afecto ocultara a mis amigos; pero rara vez ha sucedido que me hayan objetado algo enteramente imprevisto por mí, a no ser alguna cosa muy alejada de mi asunto, de suerte que casi nunca he encontrado un censor de mis opiniones que no me pareciese o menos severo o menos equitativo que yo mismo. Y tampoco he notado nunca que las disputas que suelen practicarse en las escuelas sirvan para descubrir una verdad antes ignorada, pues esforzándose cada cual por vencer a su adversario, más se ejercita en abonar la verosimilitud que en pesar las razones de una y otra parte; y los que han sido durante largo tiempo buenos abogados, no por eso son luego mejores jueces.

En cuanto a la utilidad que sacaran los demás de la comunicación de mis pensamientos, tampoco podría ser muy grande, ya que aún no los he desenvuelto hasta tal punto que no sea preciso añadirles mucho antes de ponerlos en práctica. Y creo que, sin vanidad, puedo decir que si alguien hay capaz de desarrollarlos, he de ser yo mejor que otro cualquiera, y no porque no pueda haber en el mundo otros ingenios incomparablemente mejores que el mío, sino porque el que aprende de otro una cosa, no es posible que la conciba y la haga suya tan plenamente como el que la inventa. Y tan cierto es ello en esta materia, que habiendo yo explicado muchas veces algunas opiniones mías a personas de muy buen ingenio, parecían entenderlas muy distintamente mientras yo hablaba, y, sin embargo, cuando las han repetido, he notado que casi siempre las han alterado, de tal suerte que ya no podía reconocerlas por mías [2]. Aprovecho esta ocasión para rogar a nuestros descendientes que no crean nunca que proceden de mí las cosas que les digan otros, si no es que yo mismo las haya divulgado; y no me asombro en modo alguno de esas extravagancias que se atribuyen a los antiguos filósofos, cuyos escritos no poseemos, ni juzgo por ellas que hayan sido sus pensamientos tan desatinados, puesto que aquellos hombres fueron los mejores ingenios de su tiempo; sólo pienso que sus opiniones han sido mal referidas. Asimismo vemos que casi nunca ha ocurrido que uno de los que siguieron las doctrinas de esos grandes ingenios haya superado al maestro; y tengo por seguro que los que con mayor ahínco siguen hoy a Aristóteles se estimarían dichosos de poseer tanto conocimiento de la naturaleza como tuvo él, aunque hubieran de someterse a la condición de no adquirir nunca más amplio saber. Son como la yedra, que no puede subir más alto que los árboles en que se enreda y muchas veces desciende después de haber llegado hasta la copa;

---

[2] Descartes ha tenido que desautorizar algunas interpretaciones de sus doctrinas expuestas por discípulos suyos.

pues me parece que también los que siguen una doctrina ajena descienden, es decir, se tornan en cierto modo menos sabios que si se abstuvieran de estudiar; los tales, no contentos con saber todo lo que su autor explica inteligiblemente, quieren además encontrar en él la solución de varias dificultades, de las cuales no habla y en las cuales acaso no pensó nunca. Sin embargo, es comodísima esa manera de filosofar para quienes poseen ingenios muy medianos, pues la oscuridad de las distinciones y principios de que usan les permite hablar de todo con tanta audacia como si lo supieran, y mantener todo cuanto dicen contra los más hábiles y los más sutiles, sin que haya medio de convencerles; en lo cual paréceme semejar a un ciego que, para pelear sin desventaja contra uno que ve, le hubiera llevado a alguna profunda y oscurísima cueva; y puedo decir que esos tales tienen interés en que yo no publique los principios de mi filosofía, pues siendo, como son, muy sencillos y evidentes, publicarlos sería como abrir ventanas y dar luz a esa cueva adonde han ido a pelear. Mas tampoco los ingenios mejores han de tener ocasión de desear conocerlos, pues si lo que quieren es saber hablar de todo y cobrar fama de doctos, lo conseguirían más fácilmente contentándose con lo verosímil, que sin gran trabajo puede hallarse en todos los asuntos, que buscando la verdad, que no se descubre sino poco a poco en algunas materias y que, cuando llega la ocasión de hablar de otros temas, nos obliga a confesar francamente que los ignoramos. Pero si estiman que una verdad es preferible a la vanidad de parecer saberlo todo, como sin duda es efectivamente preferible, y si lo que quieren es proseguir un intento semejante al mío, no necesitan para ello que yo les diga más de lo que en este discurso llevo dicho; pues si son capaces de continuar mi obra, tanto más lo serán de encontrar por sí mismos todo cuanto pienso yo que he encontrado, sin contar con que, habiendo yo seguido siempre mis investigaciones ordenadamente, es seguro que lo que me queda por descubrir es de suyo más difícil y oculto que lo que he podido anteriormente encontrar, y, por tanto, mucho menos gusto hallarían en saberlo por mí que en indagarlo solos; y además, la costumbre que adquirirían buscando primero cosas fáciles y pasando poco a poco a otras más difíciles les servirá mucho mejor que todas mis instrucciones. Yo mismo estoy persuadido de que si, en mi mocedad, me hubiesen enseñado todas las verdades cuyas demostraciones he buscado luego y no me hubiese costado trabajo alguno el aprenderlas, quizá no supiera hoy ninguna otra cosa, o por lo menos nunca hubiera adquirido la costumbre y facilidad que creo tener de encontrar otras nuevas conforme me aplico a buscarlas. Y, en suma, si hay en el mundo una labor que no pueda nadie rematar tal como el que la empezó, es ciertamente la que me ocupa.

Verdad es que en lo que se refiere a las experiencias que pueden servir para ese trabajo no basta un hombre solo a hacerlas todas; pero tampoco ese hombre podrá emplear con utilidad manos ajenas, como no sean las de artesanos u otras gentes a quienes pueda pagar, pues la esperanza de una buena paga, que es eficacísimo medio, hará que esos operarios cumplan exactamente sus prescripciones. Los que voluntariamente, por curiosidad o deseo de aprender, se ofrecieran a ayudarle, además de que suelen, por lo común, ser más prontos en prometer que en cumplir y no hacen sino bellas proposiciones, nunca realizadas, querrían infaliblemente recibir, en pago, algunas explicaciones de ciertas dificultades, o por lo menos obtener halagos y conversaciones inútiles, las cuales, por corto que fuera el tiempo empleado en ellas, representarían, al fin y al cabo, una pérdida. Y, en cuanto a las experiencias que hayan hecho ya los demás, aun cuando se las quisieran comunicar —cosa que no harán nunca quienes les dan el nombre de secretos—, son las más de entre ellas compuestas de tantas circunstancias o ingredientes superfluos, que le costaría no pequeño trabajo descifrar lo que haya en ellas de verdadero; y, además, las hallaría casi todas tan mal explicadas e incluso tan falsas, por haber sus autores procurado que parezcan conformes con sus principios que, de haber algunas que pudieran servir, no valdrían desde luego el tiempo que tendría que gastar en seleccionarlas. De suerte que si en el mundo hubiese un hombre de quien se supiera con seguridad que es capaz de encontrar las mayores cosas y las más útiles para el público, y, por ese motivo, los demás hombres se esforzasen por todas las maneras en ayudarle a realizar sus designios, no veo que pudiesen hacer con él nada más sino contribuir a sufragar los gastos de las experiencias que fueren precisas, y, por lo demás, impedir que vinieran importunos a estorbar sus ocios laboriosos. Mas sin contar con que no soy tan presumido que vaya a prometer cosas extraordinarias, ni tan repleto de vanidosos pensamientos que vaya a figurarme que el público ha de interesarse mucho por mis propósitos, no tengo tampoco tan rebajada el alma como para aceptar de nadie un favor que pudiera creerse que no he merecido.

Todas estas consideraciones juntas fueron causa de que no quisiera, hace tres años, divulgar el tratado que tenía entre manos, y aun resolví no publicar durante mi vida ningún otro de índole tan general, ni que por él pudieran entenderse los fundamentos de mi física. Pero de entonces acá han venido otras dos razones a obligarme a poner en este libro algunos ensayos particulares y a dar alguna cuenta al público de mis acciones y de mis designios; y es la primera que, de no hacerlo, algunos que han sabido que tuve la intención de imprimir ciertos escritos, podrían acaso figurarse que los motivos por los cuales me he abstenido son de índole que menoscaba mi persona; pues aun cuando no siento un excesivo amor por la gloria y hasta me atrevo a decir que la odio, en cuanto que la juzgo contraria a la quietud, que es lo que más aprecio, sin embargo, tampoco he hecho nunca nada por ocultar mis actos, como si fueran crímenes, ni he tomado muchas precauciones para permanecer desconocido, no sólo porque creyera de ese modo dañarme a mí mismo, sino también porque ello habría provocado en mí cierta especie de inquietud, que hubiera venido a perturbar la perfecta tranquilidad de espíritu que busco; y así, habiendo siempre permanecido indiferente entre el cuidado de ser conocido y el de no serlo, no he podido impedir cierta especie de reputación que he adquirido, por lo cual he pensado que debía hacer por mi parte lo que pudiera para evitar al menos que esa fama sea mala. La segunda razón que me ha obligado a escribir esto es que veo cada día cómo se retrasa más y más el propósito que he concebido de instruirme, a causa de una infinidad de experiencias que me son precisas y que no puedo hacer sin ayuda ajena, y aunque no me precio de valer tanto como para esperar que el público tome mucha parte en mis intereses, sin embargo, tampoco quiero faltar a lo que me debo a mí mismo, dando ocasión a que los que me sobrevivan puedan algún día hacerme el cargo de que hubiera podido dejar acabadas muchas mejores cosas si no hubiese prescindido demasiado de darles a entender cómo y en qué podían ellos contribuir a mis designios.

Y he pensado que era fácil elegir algunas materias que, sin provocar grandes controversias, ni obligarme a declarar mis principios más detenidamente de lo que deseo, no dejaran de mostrar con bastante claridad lo que soy capaz de hacer en las ciencias. En lo cual no puedo decir si he tenido buen éxito, pues no quiero salir al encuentro de los juicios de nadie hablando yo mismo de mis escritos; pero me agradaría mucho que fuesen examinados, y para dar más amplia ocasión de hacerlo, ruego a quienes tengan objeciones que formular, que se tomen la molestia de enviarlas a mi librero, quien me las transmitirá, y procuraré dar respuesta que pueda publicarse con las objeciones [3]; de este modo, los lectores, viendo juntas unas y otras, juzgarán más cómodamente acerca de la verdad. Pues no prometo darles nunca largas respuestas, sino que me limitaré a confesar mis faltas francamente, si las conozco, y si no puedo percibirlas, diré sencillamente lo que crea necesario para la defensa de mis escritos, sin añadir la explicación de ningún asunto nuevo, a fin de no involucrar indefinidamente uno en otro.

---

[3] Dirigiéronse no pocas objeciones a Descartes, principalmente por Cáterus, Hobbes, Arnauld, Gassendi, etc. Poseemos las respuestas de Descartes.

Si alguna de las cosas de que hablo al principio de la *Dióptrica* y de los *Meteoros* producen extrañeza, porque las llamo suposiciones y no parezco dispuesto a probarlas, téngase la paciencia de leerlo todo atentamente, y confío en que se hallará satisfacción, pues me parece que las razones se enlazan unas con otras de tal suerte que, como las últimas están demostradas por las primeras, que son sus causas, estas primeras a su vez lo están por las últimas, que son sus efectos. Y no se imagine que en esto cometo la falta que los lógicos llaman círculo, pues como la experiencia muestra que son muy ciertos la mayor parte de esos efectos, las causas de donde los deduzco sirven más que para probarlos, para explicarlos, y, en cambio, esas causas quedan probadas por estos efectos. Y si las he llamado suposiciones, es para que se sepa que pienso poder deducirlas de las primeras verdades que he explicado en este discurso; pero he querido expresamente no hacerlo, para impedir que ciertos ingenios, que con sólo oír dos o tres palabras se imaginan que saben en un día lo que otro ha estado veinte años pensando, y que son tanto más propensos a errar e incapaces de averiguar la verdad cuanto más penetrantes y ágiles, no aprovechen la ocasión para edificar alguna extravagante filosofía sobre los que creyeren ser mis principios, y luego se me atribuya a mí la culpa; que por lo que toca a las opiniones enteramente mías, no las excuso por nuevas, pues si se consideran bien las razones que las abonan, estoy seguro de que parecerán tan sencillas y tan conformes con el sentido común, que serán tenidas por menos extraordinarias y extrañas que cualesquiera otras que puedan sustentarse acerca de los mismos asuntos; y no me precio tampoco de ser el primer inventor de ninguna de ellas, sino solamente de no haberlas admitido, ni porque las dijeran otros ni porque no las dijeran, sino sólo porque la razón me convenció de su verdad.

Si los artesanos no pueden en buen tiempo ejecutar el invento que explico en la *Dióptrica,* no creo que pueda decirse por eso que es malo; pues como se requiere mucha destreza y costumbre para hacer y encajar las máquinas que he descrito, sin que les falte ninguna circunstancia, tan extraño sería que diesen con ello a la primera vez como si alguien consiguiese aprender en un día a tocar el laúd de modo excelente con sólo haber estudiado un buen papel pautado. Y si escribo en francés [4], que es la lengua de mi país, en lugar de hacerlo en latín, que es el idioma empleado por mis preceptores, es porque espero que los que hagan uso de su pura razón natural juzgarán mejor mis opiniones que los que sólo creen en los libros antiguos; y en cuanto a los que unen al buen sentido el estudio, únicos que deseo sean mis jueces, no serán seguramente tan parciales en favor del latín que se nieguen a oír mis razones por ir explicadas en lengua vulgar.

Por lo demás, no quiero hablar aquí particularmente de los progresos que espero realizar más adelante en las ciencias, ni comprometerme con el público, prometiéndole cosas que no esté seguro de cumplir; pero diré tan sólo que he resuelto emplear el tiempo que me queda de vida en procurar adquirir algún conocimiento de la naturaleza, que sea tal que se puedan derivar para la medicina reglas más seguras que las hasta hoy usadas, y que mi inclinación me aparte con tanta fuerza de cualesquiera otros designios, sobre todo de los que no pueden servir a unos sin dañar a otros, que si algunas circunstancias me constriñen a entrar en ello, creo que no sería capaz de llevarlos a buen término. Esta declaración que aquí hago bien sé que no ha de servir a hacerme considerable en el mundo; mas no tengo ninguna gana de serlo y siempre me consideré más obligado con los que me hagan la merced de ayudarme a gozar de mis ocios sin tropiezos que con los que me ofrezcan los más honrosos empleos del mundo.

FIN DEL *DISCURSO DEL MÉTODO*

---

[4] El *Discurso del método* es el primer libro de filosofía escrito en francés.

MEDITACIONES METAFÍSICAS*

* Publicadas en latín en 1641. La traducción francesa, por el duque de Luynes, revisada y corregida por Descartes, se publicó en 1647.

A los señores decanos y doctores de la Sagrada Facultad de Teología de París

SEÑORES:

Es tan justa la razón que me lleva a presentaros esta obra, y estoy seguro que, una vez que conozcáis sus propósitos, hallaréis tan justos motivos para concederle vuestra protección, que pienso que nada mejor puedo hacer para que la tengáis por recomendable, en cierto modo, que deciros en pocas palabras lo que me he propuesto. Siempre he estimado que las dos cuestiones de Dios y del alma eran las que principalmente requieren ser demostradas, más por razones de filosofía que de teología; pues aun cuando a nosotros los fieles nos basta la fe para creer que hay un Dios y que el alma humana no muere con el cuerpo, no parece ciertamente que sea posible inculcar nunca a los infieles religión alguna, ni aun casi virtud moral alguna, si no se les da primero la prueba de esas dos cosas, por razón natural; y por cuanto a menudo en esta vida propónense mayores recompensas para los vicios que para las virtudes, pocos serían los que prefiriesen lo justo a lo útil, si no fuera porque les contiene el temor de Dios y la esperanza de otra vida; y aun cuando es absolutamente verdadero que hay que creer que hay un Dios, porque así lo enseña la Sagrada Escritura, y, por otra parte, hay que dar crédito a la Sagrada Escritura, porque viene de Dios (y la razón de esto es que, siendo la fe un don de Dios, el mismo que concede la gracia para creer en las otras cosas, puede concederla también para creer en su propia existencia), sin embargo, no se podría proponer esto a los infieles, quienes acaso imaginaran que se comete aquí la falta que los lógicos llaman círculo.

Y por cierto he notado que vosotros, señores y todos los demás teólogos, no sólo afirmáis que la existencia de Dios puede probarse por razón natural, sino también que de la Sagrada Escritura se infiere que su conocimiento es mucho más claro que el que tenemos de varias cosas creadas, y que es, efectivamente, tan fácil, que los que carecen de él son culpables; como aparece en estas palabras del libro de la *Sabiduría,* capítulo XIII, en donde se dice que su *ignorancia no tiene perdón, pues si su espíritu ha penetrado tan adentro en el conocimiento de las cosas del mundo, ¿cómo es posible que no hayan reconocido tanto más fácilmente al Señor Soberano?* [1]; y en los *Romanos,* capítulo I, se dice que son *inexcusables;* y en el mismo lugar dícense estas palabras: *porque lo que de Dios se conoce, en ellos es manifiesto* [2]; las cuales parecen advertirnos que todo cuanto puede saberse de Dios es demostrable por razones que no es preciso sacar de otra parte, sino de nosotros mismos y de la mera consideración de la naturaleza de nuestro espíritu. Por todo lo cual, he creído que no sería contrario a la obligación de un filósofo el explicar aquí cómo y por qué vía podemos, sin salir de nosotros mismos, conocer a Dios más fácilmente y más ciertamente que conocemos las cosas del mundo.

Y en lo que al alma se refiere, aunque han creído muchos que no es fácil conocer su naturaleza y hasta han llegado algunos a decir que las humanas razones nos persuaden de que muere con el cuerpo y que solamente la fe nos enseña lo contrario, sin embargo, por cuanto las tales opiniones fueron condenadas en la sesión 8.ª del Concilio Lateranense, bajo

---

[1] *Liber sapientiae,* cap. XIII: «... *Iterum autem nec his debet ignosci. Si enim tantum potuerunt scire, ut possent aestimare saeculum: quomodo hujus Dominum non facillus invenerunt?*».

[2] *Ep. ad Romanos,* cap. I: «... *Quia quod notum est Dei, manifestum est in illis*». «... *ita ut sint inexcusabiles*».

León X, el cual ordena expresamente a los filósofos cristianos que contesten a esos argumentos y pongan todas las fuerzas de su ingenio en declarar la verdad, me he atrevido a acometer la empresa en el presente escrito. Sabiendo, además, que la razón principal porque varios impíos no quieren creer que haya Dios y que el alma humana sea distinta del cuerpo es porque dicen que nadie hasta ahora ha podido demostrar esas dos cosas; aunque yo no soy de su opinión, sino, por el contrario, pienso que la mayor parte de las razones aducidas por tantos grandes personajes sobre esas cuestiones son otras tantas demostraciones, si son bien entendidas, y que casi es imposible inventar otras nuevas; sin embargo, creo que nada más útil puede hacerse en la filosofía que buscar de una vez las mejores, con sumo cuidado, y disponerlas en un orden tan claro y exacto que, en adelante, a todo el mundo le conste que son verdaderas demostraciones. Y, por último, varias personas lo han solicitado de mí, porque han tenido conocimiento de que vengo cultivando cierto método para resolver toda suerte de dificultades en las ciencias, método que, a decir verdad, no es nuevo, pues nada hay más antiguo que la verdad, pero que ellos saben que he empleado con bastante fortuna en otras coyunturas; por lo cual he pensado que era deber mío experimentarlo aquí también en tan importante asunto.

Así he trabajado cuanto he podido para poner en este tratado todo lo que he conseguido descubrir mediante ese método. No es que haya recogido aquí todas las razones varias que podrían adelantarse en prueba de tan grande asunto; pues siempre he creído que tal abundancia no es necesaria sino cuando ninguna de las razones es cierta. He tratado, pues, solamente las primeras y principales, de tal suerte que me atrevo a proponerlas como muy evidentes y muy ciertas demostraciones. Y diré, además, que son tales, que no creo que haya ningún otro camino por donde el ingenio humano pueda descubrir mejores pruebas; que la importancia del tema y la gloria de Dios, a que todo esto se refiere, me obligan a hablar aquí de mí mismo, con alguna mayor libertad de lo que suelo usar.

Sin embargo, por muy ciertas y evidentes que me parezcan mis razones, no estoy persuadido de que todo el mundo sea capaz de entenderlas. Así como en la geometría hay algunas que nos han legado Arquímedes, Apolonio, Pappus y otros, las cuales son admitidas por todo el mundo como muy ciertas y evidentes, porque nada contienen que, considerado aparte, no sea muy fácil conocer, y además todas se siguen unas de otras en exacto enlace y dependencia con las anteriores; y, sin embargo, por ser algo largas y exigir un ingenio muy entero, no son comprendidas y entendidas sino por poquísimas personas, así también, aunque yo estimo que las razones de que hago uso aquí igualan y hasta superan en certeza y evidencia a las demostraciones de la geometría, sin embargo, temo que no puedan ser suficientemente entendidas por algunos, no sólo porque son también algo largas y enlazadas unas con otras, sino principalmente porque requieren un ingenio por completo exento de prejuicios y que sea capaz de librarse con facilidad del comercio de los sentidos. Y, a decir verdad, no son tantos en el mundo los que sirven para las especulaciones de la metafísica como para las de la geometría. Y además, hay esta diferencia: que en la geometría, como todos están hechos a la opinión de que nada se propone sin una demostración cierta, resulta que los que no están del todo versados en esa ciencia cometen con más frecuencia el pecado de aprobar falsas demostraciones, para dar a entender que las comprenden, que el de refutar las verdaderas. No ocurre otro tanto en la filosofía, pues aquí creen todos que todo es problemático y pocas personas se dedican a investigar la verdad; y aun muchos, deseando adquirir fama de espíritus fuertes, se empeñan en combatir con arrogancia las verdades más aparentes.

Por todo lo cual, señores, a pesar de la fuerza que puedan tener mis razones, como pertenecen a la filosofía, no espero que produzcan gran efecto en los espíritus si vosotros no les concedéis vuestra protección. Pero siendo tanta la estimación que todo el mundo siente por vuestra sociedad y gozando el nombre de la Sorbona de tan grande autoridad, que en lo tocante a la fe ninguna otra compañía, después de los sagrados concilios, ha visto nunca tan respetados sus fallos, y no sólo en cosas de fe, sino también en lo que se refiere a la humana filosofía, pues nadie cree que sea posible hallar mayor solidez y más conocimientos que los que vosotros tenéis, ni más prudencia e integridad en la emisión de los juicios, no dudo que si os dignáis acoger este escrito con el cuidado de favorecerlo corrigiéndolo (pues conozco, no sólo mi flaqueza, sino también mi ignorancia, y no me atrevo a asegurar que no contenga error alguno), y después añadiendo lo que le falte, acabando lo que esté imperfecto, y tomándoos el trabajo de dar más amplia explicación de las cosas que lo necesiten, o al menos de advertírmelas para que yo lo haga; y, por último, cuando las razones con que pruebo que hay un Dios y que el alma humana difiere del cuerpo, hayan llegado a tal punto de claridad y de evidencia, a que estoy seguro pueden llegar que deban ser tenidas por muy exactas demostraciones, si entonces os dignáis autorizarlas con vuestra aprobación y dar testimonio público de su verdad y certidumbre, no dudo, repito, que después de esto todos los errores y falsas opiniones que han existido tocante a estas dos cuestiones queden pronto borrados del espíritu de los hombres. Pues la verdad será tal, que los doctos y los hombres de ingenio acatarán vuestro juicio y vuestra autoridad; los ateos, que suelen ser más arrogantes que doctos y juiciosos, renunciarán a su espíritu de contradicción, o hasta quizá lleguen a defender las razones que vean admitidas como demostrativas por todos los hombres de buen ingenio, temiendo que se crea que no las entienden; y, por último, todos los demás se rendirán fácilmente ante tantos y tales testimonios y no habrá nadie que se atreva a poner en duda la existencia de Dios y la distinción real y verdadera del alma humana y del cuerpo.

A vosotros toca ahora apreciar las ventajas que proporcionaría el sólido establecimiento de esta creencia, ya que vosotros conocéis bien los desórdenes que produce el dudar de su verdad; pero sería desconsiderado, por mi parte, seguir recomendando la causa de Dios y de la religión a quienes han sido siempre sus más firmes columnas.

PRÓLOGO

He tratado ya estas dos cuestiones de Dios y del alma humana en el discurso francés que publiqué en el año de 1637 acerca del método para bien dirigir la razón y buscar la verdad en las ciencias. No tuve entonces el propósito de estudiarlas a fondo, sino sólo de pasada, con el fin de colegir, por el juicio que merecieran, de qué modo debía tratarlas luego, pues me han parecido siempre de tanta importancia, que pensaba era conveniente hablar de ellas más de una vez; y el camino que emprendo para explicarlas es tan poco frecuentado y tan apartado de los comunes derroteros, que no he creído fuera útil declararlo en francés y en discurso que pudiese ser leído por todo el mundo, por temor a que los ingenios endebles no fueran a creer que les era permitido caminar por la misma senda.

Ahora bien, habiendo yo rogado, en ese discurso del método, a todos los que hallasen en mis escritos algo digno de censura, que me hicieran el favor de advertírmelo[1], nada se me ha objetado de notable, sino sólo dos cosas acerca de estas dos cuestiones.

Y quiero contestar ahora en pocas palabras antes de entrar en más exactas explicaciones.

La primera objeción es que, aunque el espíritu humano, al hacer reflexión sobre sí mismo, no se conoce sino como algo

---

[1] Véase pág. 100.

que piensa, no se sigue de ello que su naturaleza o esencia sea solamente pensar; de tal suerte, que la palabra *solamente* excluye todas las demás cosas, que acaso pudiera decirse pertenecen también a la naturaleza del alma.

A esta objeción contesto que no era mi intención, en aquel lugar, excluirlas según el orden de la verdad de la cosa (de la cual no trataba por entonces), sino sólo según el orden de mi pensamiento; de suerte que mi sentido era éste: que nada conocía como perteneciente a mi espíritu, sino que yo era una cosa que piensa o una cosa que tiene en sí la facultad de pensar. Pero mostraré más adelante cómo es que, puesto que no conozco otra cosa que pertenezca a mi esencia, se sigue que, efectivamente, nada más le pertenece.

La segunda objeción es que, aunque yo tengo en mí la idea de una cosa más perfecta que yo, no se sigue que esa idea sea más perfecta que yo, y mucho menos que lo representado por esa idea exista.

Pero contesto que en el vocablo *idea* hay aquí un equívoco; pues, o puede tomarse materialmente por una operación de mi entendimiento, y en este sentido no puede decirse que sea más perfecta que yo, o puede tomarse objetivamente por la cosa representada en esta operación, cosa que, aun cuando no se proponga existir fuera de mi pensamiento, puede, sin embargo, ser más perfecta que yo, en razón de su esencia. Pero en el curso de este tratado mostraré ampliamente cómo, por sólo tener yo la idea de una cosa más perfecta que yo, se sigue que esta cosa existe verdaderamente.

Además, he visto también otros dos escritos, bastante extensos, sobre esta materia; pero combatían no tanto mis razones como mis conclusiones, empleando argumentos sacados de los lugares comunes de los ateos. Pero como los argumentos de esta especie no pueden hacer ninguna impresión en el ánimo de los que entiendan bien mis razones, y como también los juicios de algunos hombres son tan endebles y poco razonables, que las primeras opiniones que oyen de una cosa, por falsas y alejadas de la razón que sean, suelen persuadirles mejor que una sólida y verdadera aunque posterior refutación de sus opiniones, por eso no quiero contestar aquí, temiendo verme obligado a exponer primero aquellos argumentos.

Sólo diré, en general, que todo cuanto dicen los ateos para combatir la existencia de Dios depende siempre o de que fingen en Dios afectos humanos, o de que atribuyen a nuestros ingenios tanta fuerza y sabiduría, que tenemos la presunción de querer determinar y comprender lo que Dios pueda y deba hacer; de suerte que todo cuanto dicen no nos ofrecerá dificultad alguna con tal de que recordemos solamente que debemos considerar nuestros espíritus como cosas finitas y limitadas, y a Dios como un ser infinito e incomprensible.

Y ahora, después de haber reconocido los sentimientos de los hombres, voy a tratar de Dios y del alma humana y asimismo poner los fundamentos de la filosofía primera; mas ni aguardo alabanzas del vulgo ni presumo que mi libro sea leído por muchos. Por el contrario, a nadie aconsejaré que lo lea, sino a los que quieran meditar en serio conmigo y puedan desligar su espíritu del comercio de los sentidos y librarlo por completo de toda suerte de prejuicios; y demasiado sé que tales hombres son poquísimos en número. Pero los que, sin cuidarse del orden y enlace de mis razones, se entretengan en discurrir sobre cada una de las partes, como hacen muchos, estos tales, digo, no sacarán gran provecho de la lectura de este tratado; y aun cuando acaso encuentren ocasión de sutilizar en varios puntos, mucho trabajo ha de costarles objetar nada que sea apremiante y digno de respuesta.

Y por cuanto no prometo a los demás que les daré satisfacción de buenas a primeras, ni soy tan presumido que crea que puedo prever las dificultades que cada cual ha de percibir, expondré, primeramente, en estas meditaciones los mismos pensamientos por los cuales estoy persuadido de haber llegado a un conocimiento cierto y evidente de la verdad; así, quizá pueda, con las mismas razones que a mí me han convencido, convencer también a los demás; y después de esto, contestaré a las objeciones que me han hecho personas de talento y doctrina, a quienes he enviado mis meditaciones para que las examinen, antes de darlas a la prensa, pues me han hecho tantas y tan diferentes objeciones, que me atrevo a creer que difícilmente habrá quien pueda proponer otras nuevas que tengan importancia y no hayan sido indicadas.

Por lo cual, suplico a los que lean estas meditaciones que no formen ningún juicio sin haberse tomado el trabajo de leer todas esas objeciones y las respuestas que les he dado[2].

[2] No publicamos aquí las objeciones y las respuestas, que el lector especialista hallará en las ediciones francesas.

RESUMEN DE LAS SEIS MEDITACIONES SIGUIENTES

En la primera propongo las razones por las cuales podemos dudar en general de todas las cosas y, en particular de las materiales, por lo menos mientras no tengamos otros fundamentos de las ciencias que los que hemos tenido hasta hoy. Ahora bien: aun cuando la utilidad de una duda tan general no se vea al principio, es, sin embargo, muy grande, pues nos libra de toda suerte de prejuicios y nos prepara un camino muy fácil para acostumbrar nuestro espíritu a desligarse de los sentidos; por último, es causa de que no sea posible que luego dudemos nunca de las cosas que descubramos que son verdaderas.

En la segunda, el espíritu, que haciendo uso de su propia libertad, supone que ninguna de las cosas de cuya existencia tiene alguna duda existen, reconoce que es absolutamente imposible que, sin embargo, él no exista. Lo que también resulta muy útil, por cuanto, de esta manera, el espíritu distingue fácilmente lo que le pertenece, es decir, lo que pertenece a la naturaleza intelectual de lo que pertenece al cuerpo. Mas como puede suceder que hay quien espere que en este punto exponga yo algunas razones para probar la inmortalidad del alma, creo que debo advertirle que, habiendo procurado no escribir nada en este tratado, sin tener de ello demostraciones muy exactas, me he visto obligado a seguir un orden semejante al que siguen los geómetras, a saber: proponer primero todo aquello de que depende la proposición buscada antes de sacar conclusión alguna.

Ahora bien: lo primero y principal que se necesita para conocer bien la inmortalidad del alma, es formar de ésta un concepto claro y nítido, enteramente distinto de todas las concepciones que podemos tener del cuerpo; esto es lo que se ha hecho aquí. Requiérese además saber que todas las cosas que concebimos clara y distintamente son verdaderas, del modo como las concebimos, cosa que no ha podido probarse hasta llegar a la cuarta meditación. Hace falta además tener una concepción distinta de la naturaleza corporal, concepción que se forma, parte en esta segunda y parte en la quinta y sexta meditaciones. Y, por último, de todo eso hay que concluir que las cosas que concebimos clara y distintamente como sustancias diversas, verbigracia, el espíritu y el cuerpo, son en efecto sustancias realmente, distintas unas de otras, lo cual se ve en la sexta meditación; y esto se confirma también en esta misma meditación, porque no concebimos cuerpo alguno que no sea divisible, mientras que el espíritu o el alma del hombre no puede concebirse sino indivisible; pues efectivamente, no podemos concebir media alma, cosa que podemos hacer con el más mínimo cuerpo; de suerte que se conoce que ambas naturalezas no sólo son diversas sino hasta contrarias en cierto modo. Y si no he tratado más por lo menudo esta materia en el presente escrito, ha sido porque basta para mostrar claramente que de la corrupción del cuerpo no se sigue la muerte del alma, y dar así al hombre la esperanza de otra vida después de la muerte, y también porque las premisas de que puede deducirse la inmortalidad del alma dependen de la explicación de toda la física: primero, para saber que, en general, todas las sustancias, es decir, todas las cosas que no pueden existir sin ser creadas por Dios, son por naturaleza incorruptibles y no pueden nunca cesar de ser, como no las reduzca a la nada Dios, negándoles su concurso; y también para advertir que el cuerpo, tomado en general, es una sustancia, por lo cual tampoco perece; pero que el cuerpo humano, puesto que es diferente de los otros cuerpos, está compuesto de cierta configuración de miembros y otros accidentes semejantes, mientras que el alma humana no está compuesta de accidentes y es una sustancia pura. Pues aun cuando todos sus accidentes están sujetos a cambio, concibiendo, por ejemplo, ciertas cosas, queriendo otras y sintiendo otras, etc., sin embargo, el alma no cambia; el cuerpo humano, por el contrario, se torna cosa distinta con sólo que la figura de algunas de sus partes cambien, de donde se sigue que el cuerpo humano puede bien fácilmente perecer, pero el espíritu o el alma del hombre (no los distingo) es inmortal por naturaleza.

En la tercera meditación, creo haber explicado con bastante amplitud el principal argumento que empleo para probar la existencia de Dios. Pero no habiendo yo querido hacer uso en este punto de ninguna comparación sacada de cosas corporales, a fin de mantener los espíritus de mis lectores tan lejos como sea posible del uso y comercio de los sentidos, quizá hayan quedado no pocas oscuridades (las cuales espero haber aclarado en las respuestas que he dado a las objeciones que me han sido hechas), y entre otras, ésta: ¿cómo la idea de un ser sumamente perfecto, la cual está en nosotros, contiene tanta realidad objetiva, es decir, participa por representación de tantos grados de ser y de perfección, que deba provenir de una causa sumamente perfecta? Esto lo he explicado en las respuestas, mediante la comparación con una máquina muy ingeniosa y llena de artificio, cuya idea se halle en el espíritu de algún obrero. Así como el artificio objetivo de esta idea debe tener alguna causa, a saber: o la ciencia del obrero o la de alguna otra persona que haya comunicado la idea al tal obrero, así también la idea de Dios, que está en nosotros, tiene por fuerza que ser efecto de Dios mismo.

En la cuarta ha quedado demostrado que todas las cosas que concebimos muy clara y distintamente son verdaderas; y al mismo tiempo he explicado en qué consiste la naturaleza del error o falsedad, cosa que debemos necesariamente saber, no sólo para confirmar las precedentes verdades, sino también para entender mejor las subsiguientes. Pero, sin embargo, es de advertir que no trato en ese sitio del pecado, es decir, del error que se comete en la persecución del bien y del mal, sino sólo del que ocurre en el juicio y discernimiento de lo verdadero y lo falso, y que no me propongo hablar de lo que toca a la fe o a la conducta en la vida, sino sólo de lo que toca a las verdades especulativas, que pueden ser conocidas por medio de la luz natural.

En la quinta meditación, además de explicar la naturaleza corpórea en general, he vuelto a demostrar la existencia de Dios por una razón nueva, en la cual, sin embargo, acaso se encuentren algunas dificultades, cuyas soluciones se verán en las respuestas que hago a las objeciones que he recibido; además explico cómo es muy verdadero que la certidumbre misma de las demostraciones geométricas procede del conocimiento de Dios.

Por último, en la sexta, distingo el acto del entendimiento del de la imaginación, describo los signos de esta distinción, muestro que el alma del hombre es realmente distinta del cuerpo y, sin embargo, que está tan estrechamente junta y unida a él, que compone con él como una cosa misma. Expongo todos los errores que vienen de los sentidos, con los medios para evitarlos; por último doy también todas las razones que pueden hacernos inferir la existencia de las cosas materiales, no porque me parezcan muy útiles para probar lo que prueban, esto es, que hay un mundo, que los hombres tienen cuerpos y otras cosas semejantes, de los que nunca ha dudado un hombre sensato, sino porque, al considerarlas de cerca, caemos en la cuenta de que no son tan firmes y evidentes como las que nos llevan al conocimiento de Dios y de nuestra alma, de suerte que estas últimas son las más ciertas y evidentes que pueden entrar en el conocimiento del espíritu humano. Esto es todo cuanto me he propuesto demostrar en estas meditaciones, por lo cual omito aquí muchas otras cuestiones de las que también he hablado por incidencia en este tratado.

ACERCA DE LA FILOSOFÍA PRIMERA, EN LA CUAL SE PRUEBA CLARAMENTE LA EXISTENCIA DE DIOS Y LA DISTINCIÓN REAL ENTRE EL ALMA Y EL CUERPO DEL HOMBRE

MEDITACIÓN PRIMERA

De las cosas que pueden ponerse en duda

Hace mucho tiempo que me he dado cuenta de que, desde mi niñez, he admitido como verdaderas una porción de opiniones falsas, y que todo lo que después he ido edificando sobre tan endebles principios no puede ser sino muy dudoso e incierto; desde entonces he juzgado que era preciso acometer seriamente, una vez en mi vida, la empresa de deshacerme de todas las opiniones a que había dado crédito, y empezar de nuevo, desde los fundamentos, si quería establecer algo firme y constante en las ciencias. Mas pareciéndome muy grande la empresa, he aguardado hasta llegar a una edad tan madura, que no pudiera esperar otra más propia luego para llevar a bien mi proyecto; por lo cual lo he diferido tanto tiempo, que ya creo que cometería una falta grave si perdiera en deliberar el que me queda para la acción. Hoy, pues, habiendo, muy a punto para mis designios, librado mi espíritu de toda suerte de cuidados, sin pasiones que me agiten, por fortuna, y gozando de un seguro reposo en un apacible retiro, voy a aplicarme seriamente y con libertad a destruir en general todas mis opiniones antiguas. Y para esto no será necesario que demuestre que todas son falsas, lo que acaso no podría conseguir, sino que —por cuanto la razón me convence de que a las cosas que no sean enteramente ciertas e indudables debo negarles crédito con tanto cuidado como a las que me parecen manifiestamente falsas—, bastará, pues, para rechazarlas todas, que encuentre en cada una razones para ponerla en duda. Y para esto no será necesario tampoco que vaya examinándolas una por una, pues fuera un trabajo infinito; y puesto que la ruina de los cimientos arrastra necesariamente consigo la del edificio todo, bastará que dirija primero mis ataques contra los principios sobre que descansaban todas mis opiniones antiguas.

Todo lo que he tenido hasta hoy por más verdadero y seguro lo he aprendido de los sentidos o por los sentidos; ahora bien: he experimentado varias veces que los sentidos son engañosos, y es prudente no fiarse nunca por completo de quienes nos han engañado una vez.

Pero aunque los sentidos nos engañen, a las veces, acerca de cosas muy poco sensibles o muy remotas, acaso haya otras muchas, sin embargo, de las que no pueda razonablemente dudarse, aunque las conozcamos por medio de ellos; como son, por ejemplo, que estoy aquí, sentado junto al fuego, vestido con una bata, teniendo este papel en las manos, y otras por el estilo. Y ¿cómo negar que estas manos y este cuerpo sean míos, a no ser que me empareje a algunos insensatos, cuyo cerebro está tan turbio y ofuscado por los negros vapores de la bilis que afirman de continuo ser reyes, siendo muy pobres, estar vestidos de oro y púrpura, estando en realidad desnudos, o se imaginan que son cacharros, o que tienen el cuerpo de vidrio? Mas los tales son locos; y no menos extravagante fuera yo si me rigiera por sus ejemplos.

Sin embargo, he de considerar aquí que soy hombre y, por consiguiente, que tengo costumbre de dormir y de representarme en sueños las mismas cosas y aun a veces cosas menos verosímiles que esos insensatos cuando velan. ¡Cuántas veces me ha sucedido soñar de noche que estaba en este mismo sitio, vestido, sentado junto al fuego, estando en realidad desnudo y metido en la cama! Bien me parece ahora que, al mirar este papel, no lo hago con ojos dormidos; que esta cabeza, que muevo, no está somnolienta; que si alargo la mano y la siento, es de propósito y a sabiendas; lo que en sueños sucede no parece tan claro y tan distinto como todo esto. Pero si pienso en ello con atención, me acuerdo de que, muchas veces, ilusiones semejantes me han burlado mientras dormía; y, al detenerme en este pensamiento, veo tan claramente que no hay indicios ciertos para distinguir el sueño de la vigilia, que me quedo atónito, y es tal mi extrañeza, que casi es bastante a persuadirme de que estoy durmiendo.

Supongamos, pues, ahora, que estamos dormidos y que todas estas particularidades, a saber: que las manos y otras por el estilo no son sino engañosas ilusiones; y pensemos que, acaso, nuestras manos y nuestro cuerpo todo no son tales como los vemos. Sin embargo, hay que confesar, por lo menos, que las cosas que nos representamos durante el sueño son como unos cuadros y pinturas que tienen que estar hechos a semejanza de algo real y verdadero, y, por tanto, que esas cosas generales, a saber: ojos, cabeza, manos, cuerpo, no son imaginarias, sino reales y existentes. Pues los pintores, cuando se esfuerzan con grandísimo artificio en representar sirenas y sátiros, por medio de extrañas y fantásticas figuras, no pueden, sin embargo, darles formas y naturalezas totalmente nuevas, y lo que hacen es sólo una cierta mezcla de composición de las partes de diferentes animales; y aun suponiendo que la imaginación del artista sea lo bastante extravagante para inventar algo tan nuevo que nunca haya sido visto, y que así la obra represente una cosa puramente fingida y absolutamente falsa, sin embargo, por lo menos, los colores de que se compone deben ser verdaderos.

Y por la misma razón, aun cuando pudieran ser imaginarias esas cosas generales, como cuerpo, ojos, cabeza, manos y otras por el estilo, sin embargo, es necesario confesar que hay, por lo menos, algunas otras más simples y universales, que son verdaderas y existentes, de cuya mezcla están formadas todas esas imágenes de las cosas que residen en nuestro pensamiento, ora sean verdaderas y reales, ora fingidas y fantásticas, como asimismo están formadas de la mezcla de unos cuantos colores verdaderos.

Entre las tales cosas están la naturaleza corporal en general y su extensión, y también la figura de las cosas extensas, su cantidad o magnitud, su número, como asimismo el lugar en donde se hallan, el tiempo que mide su duración y otras semejantes [1]. Por lo cual, acaso haríamos bien en inferir de esto que la física, la astronomía, la medicina y cuantas ciencias dependen de la consideración de las cosas compuestas son muy dudosas e inciertas; pero que la aritmética, la geometría y demás ciencias de esta naturaleza, que no tratan sino de cosas muy simples y generales, sin preocuparse mucho de si están o no en la naturaleza, contienen algo cierto e indudable, pues duerma yo o esté despierto, siempre dos y tres sumarán cinco y el cuadrado no tendrá más de cuatro lados; y no parece posible que unas verdades tan claras y tan aparentes puedan ser sospechosas de falsedad o de incertidumbre.

Sin embargo, tiempo ha que tengo en el espíritu cierta opinión de que hay un Dios que todo lo puede, por quien he sido hecho y creado como soy. Y ¿qué sé yo si no habrá querido que no haya tierra, ni cielo, ni cuerpo extenso, ni figura, ni magnitud, ni lugar, y que yo, sin embargo, tenga el sentimiento de todas estas cosas, y que todo ello no me parezca existir de distinta manera de la que yo lo veo? Y es más aún: como yo pienso, a las veces, que los demás se engañan en las cosas que mejor creen saber, ¿qué sé yo si Dios no ha querido que yo también me engañe cuando adiciono dos y tres, o enumero los dados de un cuadrado, o juzgo de cosas aún más fáciles que ésas, si es que puede imaginarse algo que sea más fácil? Mas acaso Dios no ha querido que yo sea de esa suerte

---

[1] Los objetos de la matemática.

burlado, pues dícese de Él que es suprema bondad. Sin embargo, si repugnase a su bondad el haberme hecho de tal modo que me equivoque siempre, también parecería contrario a esa bondad el permitir que me equivoque alguna vez, no obstante lo cual no es dudoso que lo ha permitido. A esto dirán quizá algunos que prefieren negar la existencia de tan poderoso Dios que creer que todas las demás cosas son inciertas. Mas por el momento no les opongamos nada y hagamos, en su obsequio, la suposición de que todo cuanto se ha dicho aquí de un Dios es pura fábula; sin embargo, cualquiera que sea la manera en que supongan haber yo llegado al estado y ser que tengo atribúyanla a algún destino o fatalidad, refiriéndola al azar o explíquenla por una continua consecuencia y enlace de las cosas o de cualquiera otra suerte, puesto que errar y equivocarse es una imperfección, cuanto menos poderoso sea el autor que asignen a mi origen, tanto más probable será el que yo sea tan imperfecto que siempre me engañe. A estas razones nada tengo, ciertamente, que oponer; pero, en suma, heme aquí obligado a confesar que todo cuanto yo creía antes verdadero puede, en cierto modo, ser puesto en duda, y no por inconsideración o ligereza, sino por muy fuertes razones, consideradas con suma atención; de suerte que, en adelante, si he de hallar algo cierto y seguro en las ciencias, deberé abstenerme de darle crédito con tanto cuidado como si fuera manifiestamente falso.

Mas no basta haber hecho las anteriores advertencias; he de cuidar además de recordarlas siempre: que esas viejas y ordinarias opiniones tornan a menudo a ocupar mi pensamiento, pues el trato familiar y continuado que han tenido conmigo les da derecho a penetrar en mi espíritu sin mi permiso y casi adueñarse de mi creencia; y nunca perderé la costumbre de inclinarme ante ellas y entregarles mi confianza mientras las considere como efectivamente son, a saber: dudosas en cierto modo, como acabo de mostrar, pero muy probables, sin embargo, de suerte que más razón hay para creer en ellas que para negarlas. Por todo lo cual, pienso que no será mal que, adoptando de intento un sentir contrario, me engañe a mí mismo y finja por algún tiempo que todas las opiniones esas son enteramente falsas e imaginarias; hasta que, por fin, habiendo equilibrado tan exactamente mis antiguos y mis nuevos prejuicios, que no pueda inclinarse mi opinión de un lado ni de otro, no sea mi juicio en adelante presa de los malos usos y no se aparte del camino recto que puede conducirle al conocimiento de la verdad. Pues estoy bien seguro de que, mientras tanto, no puede haber peligro ni error en ese camino, y de que no será nunca demasiada la desconfianza que hoy demuestro, pues no se trata ahora de la acción, sino sólo de la meditación y el conocimiento.

Supondré, pues, no que Dios, que es la bondad suma y la fuente suprema de la verdad, me engaña, sino que cierto genio o espíritu maligno, no menos astuto y burlador que poderoso, ha puesto su industria toda en engañarme [2]; pensaré que el cielo, el aire, la tierra, los colores, las figuras, los sonidos y todas las demás cosas exteriores no son sino ilusiones y engaños de que hace uso, como cebos, para captar mi credulidad; me consideraré a mí mismo como sin manos, sin ojos, sin carne, sin sangre; creeré que sin tener sentidos, doy falsamente crédito a todas esas cosas; permaneceré obstinadamente adicto a ese pensamiento, y, si por tales medios no llego a poder conocer una verdad, por lo menos en mi mano está el suspender mi juicio. Por lo cual, con gran cuidado procuraré no dar crédito a ninguna falsedad, y prepararé mi ingenio tan bien contra las astucias de ese gran burlador, que, por muy poderoso y astuto que sea, nunca podrá imponerme nada.

Mas este designio es penoso y laborioso, y cierta dejadez me arrastra insensiblemente al curso de mi vida ordinaria; y como un esclavo que sueña que está gozando de una libertad imaginaria, al empezar a sospechar que su libertad es un sueño, teme el despertar y conspira con esas gratas ilusiones

---

[2] Sobre la hipótesis del genio maligno, véase el prólogo del traductor.

para seguir siendo más tiempo engañado, así yo vuelvo insensiblemente a caer en mis antiguas opiniones y temo el despertar de esta somnolencia, por miedo de que las laboriosas vigilias que habían de suceder a la tranquilidad de mi reposo, en lugar de darme alguna vez en el conocimiento de la verdad, no sean bastantes a aclarar todas las tinieblas de las dificultades que acabo de remover.

MEDITACIÓN SEGUNDA

De la naturaleza del espíritu humano; y que es más fácil conocer que el cuerpo

La meditación que hice ayer me ha llenado el espíritu de tantas dudas, que ya no me es posible olvidarlas. Y, sin embargo, no veo de qué manera voy a poder resolverlas; y, como si de pronto hubiese caído en unas aguas profundísimas, quédome tan sorprendido, que ni puedo afirmar los pies en el fondo ni nadar para mantenerme sobre la superficie. Haré un esfuerzo, sin embargo, y seguiré por el mismo camino que ayer emprendí, alejándome de todo aquello en que pueda imaginar la menor duda, como si supiese que es absolutamente falso, y continuaré siempre por ese camino, hasta que encuentre algo que sea cierto, o por lo menos, si otra cosa no puedo, hasta que haya averiguado con certeza que nada hay cierto en el mundo. Arquímedes, para levantar la Tierra y transportarla a otro lugar, pedía solamente un punto de apoyo firme e inmóvil; también tendré yo derecho a concebir grandes esperanzas si tengo la fortuna de hallar sólo una cosa que sea cierta e indudable.

Supongo, pues, que todas las cosas que veo son falsas; estoy persuadido de que nada de lo que mi memoria, llena de mentiras, me representa, ha existido jamás; pienso que no tengo sentidos; creo que el cuerpo, la figura, la extensión, el movimiento y el lugar son ficciones de mi espíritu. ¿Qué, pues, podrá estimarse verdadero? Acaso nada más sino esto: que nada hay cierto en el mundo.

Pero ¿qué sé yo si no habrá otra cosa diferente de las que acabo de juzgar inciertas y de la que no pueda caber duda alguna? ¿No habrá algún Dios o alguna otra potencia que ponga estos pensamientos en mi espíritu? No es necesario; pues quizá soy yo capaz de producirlos por mí mismo. Y yo, al menos, ¿no soy algo? Pero ya he negado que tenga yo sentido ni cuerpo alguno, vacilo, sin embargo; pues, ¿qué se sigue de aquí? ¿Soy yo tan dependiente del cuerpo y de los sentidos que, sin ellos, no pueda ser? Pero ya estoy persuadido de que no hay nada en el mundo: ni cielos, ni tierra, ni espíritu, ni cuerpos; ¿estaré, pues, persuadido también de que yo no soy? Ni mucho menos; si he llegado a persuadirme de algo o solamente si he pensado alguna cosa, es sin duda porque yo era. Pero hay cierto burlador muy poderoso y astuto que dedica su industria toda a engañarme siempre. No cabe, pues, duda alguna de que yo soy, puesto que me engaña y, por mucho que me engañe, nunca conseguiré hacer que yo no sea nada, mientras yo esté pensando que soy algo. De suerte que, habiéndolo pensado bien y habiendo examinado cuidadosamente todo, hay que concluir por último y tener por constante que la proposición siguiente: «yo soy, yo existo», es necesariamente verdadera, mientras la estoy pronunciando o concibiendo en mi espíritu [1].

Pero yo, que estoy cierto de que soy, no conozco aún con bastante claridad quién soy; de suerte que en adelante debo tener mucho cuidado de no confundir, por imprudencia, alguna otra cosa conmigo, y de no equivocarme en este conocimiento, que sostengo es más cierto y evidente que todos los que he tenido anteriormente. Por lo cual, consideraré ahora de nuevo lo que yo creía ser, antes de entrar en estos últimos pensamientos; y restaré de mis antiguas opiniones todo lo que pueda combatirse, aunque sea levemente, con las razones anterior-

---

1 Véase el *Discurso del método,* pág. 66, y la Introducción del traductor.

mente alegadas; de tal suerte, que lo que quede será por completo cierto e indudable. ¿Qué he creído ser, pues, anteriormente? Sin dificultad he pensado que era un hombre. Y ¿qué es un hombre? ¿Diré que un animal racional? No, por cierto, pues tendría que indagar luego lo que es animal y lo que es racional; y así una sola cuestión me llevaría insensiblemente a infinidad de otras más difíciles y embarazosas; y no quisiera abusar del poco tiempo y ocio que me quedan, empleándolo en descifrar semejantes dificultades. Pero me detendré más bien a considerar aquí los pensamientos que anteriormente brotaban en mi mente por sí solos e inspirados por mi sola naturaleza cuando me aplicaba a considerar mi ser. Consideraba, primero, que tenía una cara, manos, brazos y toda esta máquina compuesta de huesos y carne, como se ve en un cadáver, la cual designaba con el nombre de cuerpo. Consideraba, además, que me alimentaba, y andaba, y sentía, y pensaba, y todas estas acciones las refería al alma; o bien, si me detenía en este punto, imaginaba el alma como algo en extremo raro y sutil, un viento, una llama o un soplo delicadísimo, insinuado y esparcido en mis más groseras partes. En cuanto al cuerpo, no dudaba en modo alguno de su naturaleza, y pensaba que la conocía muy distintamente; y si hubiera querido explicarla, según las nociones que entonces tenía, hubiérala descrito de esta manera: entiendo por cuerpo todo aquello que puede terminar por alguna figura, estar colocado en cierto lugar y llenar un espacio de modo que excluya a cualquier otro cuerpo; todo aquello que pueda ser sentido por el tacto o por la vista, o por el oído, o por el gusto, o por el olfato; que pueda moverse en varias maneras, no ciertamente por sí mismo, pero sí por alguna cosa extraña que lo toque y le comunique la impresión; pues no creía yo que a la naturaleza del cuerpo perteneciese la potencia de moverse por sí mismo, de sentir y pensar; por el contrario, hubiérame extrañado ver que estas facultades se encontrasen en algunos.

Pero ¿quién soy yo ahora, que supongo que hay cierto geniecillo en extremo poderoso y, por decirlo así, maligno y astuto, que dedica todas sus fuerzas e industria a engañarme? ¿Puedo afirmar que poseo alguna cosa de las que acabo de decir que pertenecen a la naturaleza del cuerpo? Deténgome a pensar en esto con atención; paso y repaso todas estas cosas en mi espíritu y ni una sola hallo que pueda decir que está en mí. No es necesario que las recuente. Vamos, pues, a los atributos del alma, y veamos si hay alguno que esté en mí. Los primeros son alimentarme y andar; mas si es cierto que no tengo cuerpo, también es verdad que no puedo ni andar ni alimentarme. Otro es sentir; pero sin cuerpo no se pueden sentir y, además, me ha sucedido anteriormente que he pensado que sentía varias cosas durante el sueño, y luego, al despertar, he visto que no las había efectivamente sentido. Otro es pensar; y aquí encuentro que el pensamiento es lo único que no puede separarse de mí. Yo soy, existo, esto es cierto; pero ¿cuánto tiempo? Todo el tiempo que dure mi pensar; pues acaso podría suceder que, si cesase por completo de pensar, cesara al propio tiempo por completo de existir. Ahora no admito nada que no sea necesariamente verdadero; ya no soy, pues, hablando con precisión, sino una cosa que piensa, es decir, un espíritu, un entendimiento o una razón, términos estos cuya significación desconocía yo anteriormente. Soy, pues, una cosa verdadera, verdaderamente existente. Mas ¿qué cosa? Ya lo he dicho; una cosa que piensa. Y ¿qué más? Excitaré mi imaginación para ver si no soy algo más aún. No soy este conjunto de miembros llamados cuerpo humano; no soy un aire delicado y penetrante repartido por todos los miembros; no soy un viento, un soplo, un vapor; no soy nada de todo eso que puedo fingir e imaginar, ya que he supuesto que todo eso no es nada y que, sin alterar esa suposición, hallo que no dejo de estar cierto de que yo soy algo.

Pero acaso acontezca que esas mismas cosas, que supongo que no son, porque me son desconocidas, no son, en efecto, diferentes a mí, a quien conozco. No lo sé; de eso no disputo ahora y sólo puedo dar mi juicio acerca de las cosas que conozco; conozco que existo e indago quién soy yo, qué sé que soy. Y es muy cierto que el conocimiento de mí mismo, tomado precisamente así, no depende de las cosas, la existencia de las cuales aún no me es conocida, y, por consiguiente, no depende de ninguna de las que puedo fingir e imaginar, me descubren mi error; pues sería, en efecto, fingir, si imaginase que soy alguna cosa, puesto que imaginar no es sino contemplar la figura o la imagen de una cosa corporal; ahora bien: ya sé ciertamente que soy y que, a la vez, puede ocurrir que todas esas imágenes y, en general, cuanto a la naturaleza del cuerpo se refiere, no sean más que sueños o ficciones. Por lo cual veo claramente que al decir: excitaré mi imaginación para conocer más distintamente quién soy, obro con tan poca razón como si dijera: ahora estoy despierto y percibo algo real y verdadero, pero como no lo percibo con bastante claridad, voy a dormirme expresamente para que mis sueños me representen eso mismo con mayor verdad y evidencia. Por lo tanto, conozco manifiestamente que nada de lo que puedo comprender por medio de la imaginación, pertenece a ese conocimiento que tengo de mí mismo, y que es necesario recoger el espíritu y apartarlo de ese modo de concebir, para que pueda conocer él mismo, muy detenidamente, su propia naturaleza.

¿Qué soy, pues? Una cosa que piensa. ¿Qué es una cosa que piensa? Es una cosa que duda, entiende, concibe, afirma, niega, quiere, no quiere y, también, imagina y siente. Ciertamente no es poco, si todo eso pertenece a mi naturaleza. Mas ¿por qué no ha de pertenecerle? ¿No soy yo el mismo que ahora duda de casi todo y, sin embargo, entiende y concibe ciertas cosas, asegura y afirma que sólo éstas son verdaderas, niega todas las demás, quiere y desea conocer otras, o quiere ser engañado, imagina muchas cosas a veces, aun a pesar suyo, y siente también otras muchas por medio de los órganos del cuerpo? ¿Hay algo de esto que no sea tan verdadero como es cierto que yo soy y que existo, aun cuando estuviere siempre dormido y aun cuando el que me dio el ser emplease toda su industria en engañarme? ¿Hay alguno de esos atributos que pueda distinguirse de mi pensamiento o decirse separado de mí? Pues es tan evidente de suyo que soy yo quien duda, entiende y desea, que no hace falta añadir nada para explicarlo. Y también tengo, ciertamente, el poder de imaginar, pues aun cuando puede suceder (como antes supuse) que las cosas que yo imagino no sean verdaderas, sin embargo, el poder de imaginar no deja de estar realmente en mí y formar parte de mi pensamiento. Por último, soy el mismo que siente, es decir, que percibe ciertas cosas, por medio de los órganos de los sentidos, puesto que, en efecto, veo la luz, oigo el ruido, siento el calor. Pero se me dirá que esas apariencias son falsas y que estoy durmiendo. Bien; sea así. Sin embargo, por lo menos, es cierto que me parece que veo luz, que oigo ruido y que siento calor; esto no puede ser falso, y esto es, propiamente, lo que en mí se llama sentir, y esto, precisamente, es pensar. Por donde empiezo a conocer quién soy con alguna mayor claridad y distinción que antes.

Pero, sin embargo, aún me parece que no puedo por menos de creer que las cosas corporales, cuyas imágenes se forman por el pensamiento y que caen bajo los sentidos, y que los sentidos mismos examinan, son conocidas mucho más distintamente que esta parte, no sé cuál, de mí mismo, que no cae bajo la imaginación; aunque, efectivamente, es bien extraño decir que conozco y comprendo más distintamente unas cosas, cuya existencia me parece dudosa y que me son desconocidas y no me pertenecen, que aquellas otras de cuya verdad estoy persuadido y me son conocidas y pertenecen a mi propia naturaleza; en una palabra, que a mí mismo. Pero ya veo bien lo que es; mi espíritu es un vagabundo que gusta de extraviarse y no puede aún tolerar el quedar encerrado en los justos límites de la verdad. Démosle, pues, por otra vez, rienda suelta, y, dejándole en libertad, permitámosle que considere los objetos que le aparecen fuera, para que, retirándose luego despacio y a punto esa libertad, y deteniéndolo a considerar su ser y las cosas que en sí mismo encuentre, se deje, después, conducir y dirigir con más facilidad.

Consideremos, pues, ahora las cosas que vulgarmente se tienen por las más fáciles de conocer y pasan también por ser las más distintamente conocidas, a saber: los cuerpos que tocamos y vemos; no ciertamente los cuerpos en general, pues las nociones generales son, por lo común, un poco confusas, sino un cuerpo particular. Tomemos, por ejemplo, este pedazo de cera; acaba de salir de la colmena; no ha perdido aún la dulzura de la miel que contenía; conserva algo del olor de las flores de que ha sido hecho; su color, su figura, su tamaño son aparentes; es duro, frío, manejable y, si se le golpea, producirá un sonido. En fin, en él se encuentra todo lo que puede dar a conocer distintamente un cuerpo. Mas he aquí que, mientras estoy hablando, lo acercan al fuego; lo que quedaba de sabor se exhala, el olor se evapora, el color cambia, la figura se pierde, el tamaño aumenta, se hace líquido, se calienta, apenas si puede ya manejarse y, si lo golpeo, ya no dará sonido alguno. ¿Sigue siendo la misma cera después de tales cambios? Hay que confesar que sigue siendo la misma; nadie lo duda, nadie juzga de modo distinto. ¿Qué es, pues, lo que en este trozo de cera se conocía con tanta distinción? Ciertamente no puede ser nada de lo que he notado por medio de los sentidos, puesto que todas las cosas percibidas por el gusto, el olfato, la vista, el tacto y el oído han cambiado y, sin embargo, la misma cera permanece. Acaso sea lo que ahora pienso, a saber: que esa cera no era ni la dulzura de la miel, ni el agradable olor de las flores, ni la blandura, ni la figura, ni el sonido, sino sólo un cuerpo que poco antes me parecía sensible bajo esas formas y ahora se hace sentir bajo otras. Pero ¿qué es, hablando con precisión, lo que yo imagino cuando lo concibo de esta suerte? Considerémosle atentamente y, separando todas las cosas que no pertenecen a la cera, veamos lo que queda. No queda ciertamente más que algo extenso, flexible y mudable. Ahora bien: ¿qué es eso de flexible y mudable? ¿No será que imagino que esta cosa, si es redonda, puede tornarse cuadrada y pasar del cuadrado a una figura triangular? No, por cierto; no es eso, puesto que la concibo capaz de recibir una infinidad de cambios semejantes, y, sin embargo, no podría yo correr esta infinidad con mi imaginación; por consiguiente, la concepción que tengo de la cera no se realiza por la facultad de imaginar. Y ¿qué es esa extensión? ¿No es también desconocida? Se hace mayor cuando se derrite la cera, mayor aún cuando hierve y mayor todavía cuando el calor aumenta; y no concebiría yo claramente, conforme a la verdad, lo que es la cera si no pensara que aun este mismo pedazo, que estamos considerando, es capaz de recibir más variedades de extensión que todas las que haya yo nunca imaginado. Hay, pues, que convenir en que no puedo, por medio de la imaginación, ni siquiera comprender lo que sea este pedazo de cera y que sólo mi entendimiento lo comprende. Digo este trozo de cera en particular, pues en cuanto a la cera en general, ello es aún más evidente. Pero ¿qué es ese pedazo de cera que sólo el entendimiento o el espíritu puede comprender? Es ciertamente el mismo que veo, toco, imagino; es el mismo que siempre he creído que era al principio. Y lo que aquí hay que notar bien es que su percepción no es una visión, ni un tacto, ni una imaginación y no lo ha sido nunca, aunque antes lo pareciera, sino sólo una inspección del espíritu, la cual puede ser imperfecta y confusa, como lo era antes, o clara y distinta, como lo es ahora, según que mi atención se dirija más o menos a las cosas que están en ella y la componen.

Sin embargo, no podré extrañarme demasiado si considero cuán débil es mi espíritu y cuán propenso a caer insensiblemente en el error. Pues aun cuando en silencio considere todo eso en mí mismo, sin embargo, detiénenme las palabras y casi me causan decepción los términos del lenguaje ordinario; decimos, en efecto, que vemos la misma cera, si está presente, y no decimos que juzgamos que es la misma por tener el mismo color y la misma figura: de donde casi voy a parar a la conclusión de que la cera se conoce por visión de los ojos y no por sola la inspección del espíritu. Pero la casualidad hace que mire por la ventana a unos hombres que pasan por la calle, a cuya vista no dejo de exclamar que veo a unos hombres, como asimismo digo que veo la cera; y, sin embargo, ¿qué es lo que veo desde la ventana? Sombreros y capas, que muy bien podrían ocultar unas máquinas artificiales, movidas por resortes. Pero juzgo que son hombres y así comprendo, por sólo el poder de juzgar, que reside en mi espíritu, lo que creía ver con mis ojos.

Un hombre que trata de levantar su conocimiento por encima del vulgo debe avergonzarse de sacar motivos de duda de las maneras de hablar inventadas por el vulgo; prefiero seguir adelante y considerar si, cuando percibí primero la cera y creía conocerla por medio de los sentidos externos o al menos por el sentido común, que así le llaman, es decir, por la facultad imaginativa, concebía lo que era con más evidencia y perfección que ahora, después de haber examinado cuidadosamente lo que es y el modo como puede ser conocida. Ciertamente fuera ridículo poner esto en duda. Pues ¿qué había en aquella primera percepción que fuese distinto? ¿Qué había que no pudiera percibir de igual suerte el sentido de cualquier animal? Pero cuando distingo la cera por un lado y sus formas exteriores por otro y, como si le hubiese quitado su ropaje, la considero desnuda, es cierto que, aunque pueda haber aún algún error en mi juicio, no puedo, sin embargo, concebirla de esa suerte sin un espíritu humano.

Pero, en fin, ¿qué diré de ese espíritu, esto es, de mí mismo, puesto que hasta aquí no veo en mí nada más que espíritu? ¡Pues qué! Yo, que parezco concebir con tanta claridad y distinción este trozo de cera, ¿no me conozco a mí mismo, no sólo con más verdad y certeza, sino con mayor distinción y claridad? Pues si juzgo que la cera es o existe, porque la veo, es cierto que con mucha más evidencia se sigue que yo soy o que yo mismo existo, puesto que la veo; pues puede suceder también que ni siquiera tenga ojos para ver cosa alguna; pero no puede suceder que cuando veo o cuando pienso que veo —no distingo entre ambas cosas—, no sea yo, que tal pienso, alguna cosa. Asimismo, si juzgo que existe la cera, porque la toco, se seguirá también, igualmente, que yo soy; y si juzgo porque mi imaginación o alguna otra cosa me lo persuade, siempre sacaré la misma conclusión. Y lo que aquí he notado de la cera puede aplicarse a todas las demás cosas exteriores a mí y que están fuera de mí. Y, además, si la noción o percepción de la cera me ha parecido más clara y distinta, después de que, no sólo la vista o el tacto, sino otras muchas causas me la han puesto más de manifiesto, ¡con cuánta mayor evidencia, distinción y claridad habrá que confesar que me conozco ahora, puesto que todas las razones que sirven para conocer y concebir la naturaleza de la cera o de cualquier otro cuerpo, prueban mucho mejor la naturaleza de mi propio espíritu! ¡Y hay tantas otras cosas en el espíritu mismo que pueden contribuir a esclarecer su naturaleza, que las que dependen del cuerpo, como éstas, casi no merecen ser tomadas en consideración!

Pero en fin, heme aquí insensiblemente en el punto a que quería llegar; pues ya que es cosa, para mí manifiesta ahora, que los cuerpos no son propiamente conocidos por los sentidos o por la facultad de imaginar, sino por el entendimiento solo, y que no son conocidos porque los vemos y los tocamos, sino porque los entendemos o comprendemos por el pensamiento, veo claramente que nada hay que me sea más fácil de conocer que mi propio espíritu. Pero como es difícil deshacerse pronto de una opinión a la que estamos desde hace mucho tiempo habituados, bueno será que me detenga un poco aquí para que la extensión de mi meditación imprima más profundamente en mi memoria este nuevo conocimiento.

MEDITACIÓN TERCERA

De Dios; que existe

Cerraré los ojos ahora, me taparé los oídos, dejaré de hacer uso de los sentidos; borraré inclusive de mi pensamiento todas las imágenes de las cosas corporales o, al menos, ya que esto es casi imposible, las tendré por vanas y falsas; y así, en comercio sólo conmigo y considerando mi intimidad, procuraré poco a poco conocerme mejor y familiarizarme más conmigo mismo. Soy una cosa que piensa, es decir, que duda, afirma, niega, conoce pocas cosas, ignora otras muchas, ama, odia, quiere, no quiere, y también imagina y siente; pues he notado anteriormente, aunque las cosas que siento e imagino no sean acaso nada fuera de mí y en sí mismas, estoy, sin embargo, seguro de que esos modos de pensar, que llamo sentimientos e imaginaciones, en cuanto que sólo son modos de pensar, residen y se hallan ciertamente en mí. Y en esto poco que acabo de enumerar creo haber dicho todo cuanto sé verdaderamente o, al menos, todo cuanto he notado que sabía hasta aquí. Para procurar ahora extender mi conocimiento, seré circunspecto y consideraré con cuidado si no podré descubrir en mí otras cosas más de las que no me he apercibido todavía. Estoy seguro de que soy una cosa que piensa; pero ¿no sé también cuáles son los requisitos precisos para estar seguro de algo? Desde luego, en este mi primer conocimiento nada hay que me asegure su verdad, si no es la percepción clara y distinta de lo que digo, la cual no sería, por cierto, suficiente para asegurar que lo que digo es verdad, si pudiese ocurrir alguna vez que fuese falsa una cosa concebida por mí de ese modo claro y distinto; por lo cual me parece que ya puedo establecer esta regla general: que todas las cosas que concebimos muy clara y distintamente son verdaderas.

Sin embargo, antes de ahora he admitido y tenido por muy ciertas y manifiestas varias cosas que, no obstante, he reconocido más tarde ser dudosas e inciertas. ¿Qué cosas eran ésas? Eran la tierra, el cielo, los astros y todas las demás que percibía por medio de los sentidos. Ahora bien: ¿qué es lo que yo concebía en ellas clara y distintamente? Nada más, ciertamente, sino que las ideas o pensamientos de esas cosas se presentaban a mi espíritu. Y aun ahora mismo, no niego que esas ideas se hallen en mí. Pero había, además, otra cosa que yo afirmaba y que, por la costumbre que tenía de creerla, pensaba percibir muy claramente, aunque en verdad no la percibía, y era que había fuera de mí algunas cosas, de donde procedían las tales ideas, siendo estas ideas en un todo semejantes a aquellas cosas. Y en esto me engañaba; o si por acaso era mi juicio verdadero, la verdad de este juicio no resultaba de ningún conocimiento que yo tuviera.

Pero cuando consideraba alguna cosa muy simple y muy sencilla de aritmética y de geometría, como, por ejemplo, que dos y tres juntos hacen el número cinco, y otras semejantes, ¿no las concebía yo por lo menos con claridad suficiente para asegurar que eran verdaderas? Y si después he juzgado que podían esas cosas ponerse en duda, no fue por otra razón sino porque se me ocurrió pensar que quizá un Dios pudo hacerme de naturaleza tal que me engañase aun acerca de lo que me parecía más patente. Ahora bien: siempre que esta opinión, que concebí antes, de la suprema potencia de un Dios se presenta a mi pensamiento, me veo obligado a confesar que, si quiere, le es fácil hacer de tal suerte que me engañe aun en las cosas que creo conocer con muy grande evidencia; y, por el contrario, siempre que vuelvo la vista hacia las cosas que pienso que concibo muy claramente, me quedo tan persuadido de ellas, que espontáneamente prorrumpo en estas frases: engáñeme quien pueda, que no conseguirá hacer que yo no sea nada mientras estoy pensando que soy algo, ni que venga un día en que sea verdad que no he sido nunca, si es ahora verdad que soy, ni que dos y tres juntos hagan más o menos de cinco, y otras cosas por el estilo, que veo claramente no pueden ser de otro modo que como las concibo.

Y por cierto que, no teniendo yo ninguna razón para creer que haya algún Dios engañador, y no habiendo aún considerado ninguna de las que prueban que hay un Dios, la razón de dudar, que depende sólo de esta opinión, es muy leve y, por decirlo así, metafísica. Pero para poderla suprimir del todo, debo examinar si hay Dios tan pronto como encuentre ocasión para ello, y si hallo que lo hay, debo examinar también si puede ser engañador; pues sin conocer estas dos verdades no veo cómo voy a poder estar nunca cierto de cosa alguna. Y para poder encontrar una ocasión de indagar todo eso, sin interrumpir el orden que me he propuesto en estas meditaciones, que es pasar gradualmente de las primeras nociones que halle en mi espíritu a las que pueda luego encontrar, debo dividir aquí mis pensamientos todos en ciertos géneros y considerar en cuáles de estos géneros hay propiamente verdad o error.

Entre mis pensamientos unos son como las imágenes de las cosas, y sólo a éstos conviene propiamente el nombre de idea: como cuando me represento un hombre, una quimera, el cielo, un ángel o el mismo Dios. Otros, además, tienen algunas otras formas: como cuando quiero, temo, afirmo, niego, pues si bien concibo entonces alguna cosa como tema de la acción de mi espíritu, también añado alguna otra cosa, mediante esta acción, a la idea que tengo de aquélla; y de este género de pensamientos, son unos llamados voluntades o afecciones y otros, juicios.

Y ahora, en lo que concierne a las ideas, si se consideran solamente en sí mismas, sin referirlas a otra cosa, no pueden, hablando con propiedad, ser falsas, pues ora imagine una cabra o una quimera, no es menos cierto que imagino una y otra. Tampoco es de temer que se encuentre falsedad en las afecciones o voluntades, pues aunque puedo desear cosas malas o que nunca han existido, no deja de ser verdad que las deseo. Así, pues, sólo quedan los juicios, en los cuales debo tener mucho cuidado de no errar. Ahora bien: el error principal y más ordinario que puede encontrarse en ellos es juzgar que las ideas, que están en mí, son semejantes o conformes a cosas, que están fuera de mí, porque es bien cierto que si considerase las ideas sólo como modos o maneras de mi pensamiento, sin quererlas referir a algo exterior, apenas podrían darme ocasión de errar.

Pues bien: entre esas ideas unas me parecen nacidas conmigo, y otras extrañas y oriundas de fuera, y otras hechas e inventadas por mí mismo. Pues si tengo la facultad de concebir qué sea lo que, en general, se llama cosa o verdad o pensamiento, paréceme que no lo debo sino a mi propia naturaleza; pero si oigo ahora un ruido, si veo el sol, si siento el calor, he juzgado siempre que esos sentimientos procedían de algunas cosas existentes fuera de mí; y, por último, me parece que las sirenas, los hipogrifos y otras fantasías por el estilo son ficciones e invenciones de mi espíritu. Pero también podría persuadirme de que todas esas ideas son de las que llamo extrañas y oriundas de fuera, o bien que todas han nacido conmigo, o también que todas han sido hechas por mí, puesto que aún no he descubierto su verdadero origen. Y lo que principalmente he de hacer, en este lugar, es considerar las que me parecen provenir de algunos objetos fuera de mí y cuáles son las razones que me obligan a creerlas semejantes a esos objetos.

La primera de esas razones es que me parece que la naturaleza me lo enseña; y la segunda, que experimento en mí mismo que esas ideas no dependen de mi voluntad, pues muchas veces se me presentan, a pesar mío, como ahora, quiéralo o no, estoy sintiendo calor y por eso estoy persuadido de que ese sentimiento o idea del calor la produce en mí una cosa diferente de mí, esto es, el fuego cerca del cual estoy sentado. Y nada veo que me parezca más razonable que juzgar que esta cosa extraña me envía e imprime su semejanza, más bien que otro efecto cualquiera.

Ahora debo ver si estas razones son bastante fuertes y convincentes. Cuando digo que me parece que la naturaleza me lo enseña, entiendo por naturaleza sólo una cierta inclinación, que me lleva a creerlo, y no una luz natural que me haga conocer que ello es verdadero. Y estas dos expresiones difieren mucho entre sí; pues no puedo poner en duda lo que la luz natural me enseña que es verdadero, como antes me ha enseñado que, puesto que yo dudaba, podía inferir que existía, por cuanto, además, no hay en mí ninguna otra facultad o potencia de distinguir lo verdadero de lo falso, que pueda enseñarme que lo que la luz natural me presenta como verdadero no lo es, y en la cual pueda fiarme como me fío en la luz natural. Pero en cuanto a las inclinaciones, que me parecen también naturales, he notado a menudo que, tratándose de elegir entre virtudes y vicios, no menos me han llevado al mal que al bien; por lo cual, no hay tampoco razón para seguirlas, tratándose de lo verdadero y lo falso. Y respecto a la otra razón, que es que esas ideas deben venir de fuera, puesto que no dependen de mi voluntad, tampoco me parece convincente. Pues así como las inclinaciones de que acabo de hablar están en mí, aun cuando no siempre concuerdan con mi voluntad, así también puede haber en mí, sin que aún yo la conozca, alguna facultad o potencia propia para producir esas ideas, sin ayuda de ninguna cosa exterior; y, efectivamente, siempre me ha parecido hasta hoy que, cuando duermo, fórmanse esas ideas en mí, sin necesidad de los objetos que representan. En fin, aun cuando conviniese yo en que esas ideas están causadas por esos objetos, no sería consecuencia necesaria el afirmar que han de ser semejantes a ellos. Por el contrario, en muchos casos he notado ya que hay una gran diferencia entre el objeto y su idea; así, por ejemplo, hallo en mí dos ideas del Sol muy diferentes; una es oriunda de los sentidos y debe ponerse entre las que he dicho que vienen de fuera y, según esta idea, paréceme el Sol muy pequeño; la otra procede de las razones de la astronomía, es decir, de ciertas nociones nacidas conmigo, o ha sido formada por mí mismo: de cualquier modo que sea y según esta idea es el Sol varias veces mayor que la Tierra. Y es cierto que estas dos ideas que del Sol tengo no pueden ambas ser semejantes al mismo Sol; y la razón me hace creer que la que procede inmediatamente de su apariencia es la más desemejante. Todo esto me da a conocer que, hasta ahora, no ha sido en virtud de un juicio cierto y premeditado, sino por un ciego y temerario impulso, por lo que he creído que había fuera de mí cosas diferentes de mí, las cuales, por medio de los órganos de mis sentidos, o por otro medio cualquiera, me enviaban sus ideas o imágenes, imprimiendo en mí su semejanza.

Pero se presenta otro camino para indagar si, entre las cosas cuyas ideas tengo en mí, hay algunas que existen fuera de mí, y es a saber: si las tales ideas se consideran sólo como ciertos modos de pensar, no reconozco entre ellas ninguna diferencia o desigualdad y todas me parecen proceder de mí de una misma manera; pero si las considero como imágenes que representan unas una cosa y otras otra, es evidente que son muy diferentes unas de otras. Pues en efecto, las que me representan sustancias son sin duda algo más y contienen, por decirlo así, más realidad objetiva, es decir, participan, por representación, de más grado de ser o perfección que las que sólo me representan modos o accidentes. Además, la idea por la cual concibo un Dios soberano, eterno, infinito, inmutable, omnisciente, omnipotente y creador universal de todas las cosas que están fuera de él, esa idea, digo, tiene ciertamente en sí más realidad objetiva que aquellas otras que me representan sustancias finitas.

Ahora bien: es cosa manifiesta, por luz natural, que debe haber, por lo menos, tanta realidad en la causa eficiente y total como en el efecto, pues ¿de dónde puede el efecto sacar su realidad si no es de la causa?, y ¿cómo podría esta causa comunicársela, si no la tuviera en sí misma? Y de aquí se sigue no sólo que la nada no puede producir cosa alguna, sino también que lo más perfecto, es decir, lo que contiene en sí más realidad, no puede ser consecuencia y dependencia de lo menos perfecto; y esta verdad no es solamente clara y evidente en aquellos efectos que poseen lo que los filósofos llaman realidad actual o formal, sino también en las ideas, en donde se considera sólo la que llaman realidad objetiva. Por ejemplo, la piedra que aún no existe, no puede comenzar a ser ahora, como no sea producida por una cosa que posea en sí, formal o eminentemente, todo lo que entra en la composición de la piedra, es decir, que contenga en sí las mismas cosas u otras más excelentes que las que están en la piedra; y el calor no puede producirse en un sujeto privado antes de él, a no ser por algo que sea de un orden, grado o género tan perfecto, al menos, como es el calor, y así sucesivamente; y no es esto sólo, sino que, además, la idea del calor o de la piedra no puede estar en mí, si no ha sido puesta por alguna causa que contenga, por lo menos, tanta realidad como la que yo concibo en el calor o en la piedra; pues aun cuando esa causa no transmita a mi idea nada de su realidad actual o formal, no por eso hay que figurarse que esa causa haya de ser menos real, sino que hay que saber que, siendo toda idea una obra del espíritu, es tal su naturaleza que no requiere de suyo ninguna otra realidad formal que la que recibe y obtiene del pensamiento o espíritu, del cual es sólo un modo, es decir, una manera de pensar. Ahora bien: para que una idea contenga tal realidad objetiva en vez de tal otra, debe sin duda haberla recibido de alguna causa, en la que habrá, por lo menos, tanta realidad formal como hay realidad objetiva en la idea; pues si suponemos que hay algo en una idea que no esté en su causa, será porque lo ha recibido de la nada. Mas por imperfecto que sea el modo de ser que consiste en estar una cosa objetivamente o por representación en el entendimiento, por medio de su idea, no puede decirse, sin embargo, que ese modo y manera de ser no sea nada, y, por consiguiente, que la idea sea oriunda de la nada. Y no debo tampoco figurarme que, porque la realidad que considero en mis ideas es sólo objetiva, no es necesario que la misma realidad esté formal o actualmente en las causas de esas ideas, y que basta que esté objetivamente también en ellas; pues así como ese modo de ser objetivo pertenece a las ideas por propia naturaleza, así también la manera o modo de ser formal pertenece a las causas de las ideas (al menos a las primeras y principales) por propia naturaleza. Y si bien puede suceder que una idea produzca otra idea, esto no puede llegar hasta lo infinito, sino que al cabo hay que detenerse en una idea primera, cuya causa sea como un patrón u original, en el cual esté contenida, formal y efectivamente, toda la realidad o perfección que se encuentra sólo objetivamente o por representación en esas ideas. De suerte que la luz natural me hace conocer evidentemente que las ideas son en mí como cuadros o imágenes que pueden, es cierto, decaer fácilmente de la perfección de las cosas de donde han sido sacados, pero que no pueden contener nada que sea más grande o perfecto que ellas.

Y cuanto más larga y cuidadosamente examino todo esto, tanto más clara y distintamente conozco que es verdadero. Mas ¿qué conclusión sacaré? Ésta: que si la realidad o perfección objetiva de alguna de mis ideas es tanta que claramente conozco que esa misma realidad o perfección no está en mí formal o eminentemente, y, por consiguiente, que no puedo ser yo mismo la causa de esa idea, se seguirá necesariamente que no estoy solo en el mundo, sino que hay alguna otra cosa que existe y es causa de esa idea; pero en cambio, si semejante idea no se encuentra en mí, no tendré ningún argumento que pueda convencerme y darme certeza de que existe algo más que yo mismo, pues los he buscado todos con cuidado y no he podido encontrar ningún otro hasta ahora.

Ahora bien: entre todas las ideas que están en mí, además de la que me representa a mí mismo, la cual no puede aquí ofrecer dificultad alguna, hay otra que me representa a Dios, y otras que me representan cosas corporales e inanimadas, ángeles, animales y otros hombres como yo. Y en lo que toca a las ideas que me representan a otros hombres o animales o ángeles, concibo fácilmente que puedan haber sido formadas por la mezcla y composición de las ideas que tengo de las cosas corporales y de la de Dios, aun cuando fuera de mí no hubiese hombres en el mundo, ni animales ni ángeles. Y en lo que toca a las ideas de las cosas corporales, no reconozco en ellas nada tan grande y excelente que no me parezca poder provenir de mí mismo, pues si considero de cerca y las examino, como hice ayer con la idea de la cera, encuentro que no se dan en ellas sino poquísimas cosas que yo conciba clara y distintamente, y son, a saber: la magnitud, o sea extensión en longitud, anchura y profundidad; la figura que resulta de la terminación de esta extensión; la situación que los cuerpos, con diferentes figuras, mantienen entre sí; y el movimiento o cambio de esta situación, pudiendo añadirse la sustancia, la duración y el número. En cuanto a las demás cosas, luz, colores, sonidos, olores, sabores, calor, frío y otras cualidades[1] que caen bajo el tacto, hállanse en mi pensamiento tan oscuras y confusas, que hasta ignoro si son verdaderas o falsas, es decir, si las ideas que concibo de esas cualidades son efectivamente las ideas de cosas reales o si no me representan más que unos quiméricos seres que no pueden existir. Pues aun cuando he dicho anteriormente que sólo en los juicios puede darse la verdadera y formal falsedad, sin embargo, puede haber en las ideas cierta falsedad material, a saber: cuando representan lo que no es nada, como si fuera alguna cosa. Por ejemplo, las ideas que tengo del frío y del calor son tan poco claras y distintas, que no pueden enseñarme si el frío es sólo una privación de calor o el calor una privación del frío, o bien si ambas son cualidades reales o no lo son; y por cuanto, siendo las ideas como imágenes, no puede haber ninguna que no parezca representarnos algo; si es cierto que el frío no es más sino privación de calor, resultará que la idea que me lo represente como algo real y positivo podrá muy bien llamarse falsa, y asimismo las demás. Pero a decir verdad, no es necesario que

---

1 Distinción de las cualidades primarias y secundarias.

les atribuya otro autor, sino yo mismo; pues si son falsas, es decir, si representan cosas que no son, la luz natural me hace conocer que proceden de la nada, es decir, que están en mí porque le falta algo a mi naturaleza, que no es totalmente perfecta; y si esas ideas son verdaderas, como, sin embargo, me representan tan poca realidad que no puedo distinguir la cosa representada del no ser, no veo por qué no podría yo ser su autor.

En cuanto a las ideas claras y distintas que tengo de las cosas corporales, hay algunas que me parece que he podido sacar de la idea que tengo de mí mismo, como son las de sustancia, duración, número y otras cosas semejantes. Pues cuando pienso que la piedra es una sustancia, o una cosa que por sí es capaz de existir, y que yo soy también una sustancia, aunque muy bien concibo que yo soy una cosa que piensa y no extensa, y que la piedra, por el contrario, es una cosa extensa que no piensa, habiendo así entre ambas concepciones muy notable diferencia, sin embargo, parecen convenir en que representan sustancia. De igual modo, cuando pienso que ahora existo, y recuerdo además haber existido antes, y concibo varios pensamientos cuyo número conozco, adquiero las ideas de duración y de número, las cuales puedo luego transferir a todas las demás cosas que quiera. Por lo que toca a las otras cualidades de que están compuestas las ideas de las cosas corporales, a saber: extensión, figura, situación y movimiento, es cierto que no están formalmente en mí, puesto que yo no soy sino algo que piensa; pero como son sólo unos modos de la sustancia y yo soy una sustancia, paréceme que pueden estar contenidas en mí eminentemente.

Sólo queda, pues, la idea de Dios, en la que es preciso considerar si hay algo que no pueda proceder de mí mismo. Bajo el nombre de Dios entiendo una sustancia infinita, eterna, inmutable, independiente, omnisciente, omnipotente, por la cual yo mismo y todas las demás cosas que existen (si existen algunas) han sido creadas y producidas. Ahora bien: tan grandes y eminentes son estas ventajas, que cuanto más atentamente las considero, menos me convenzo de que la idea que de ellas tengo pueda tomar su origen en mí. Y, por consiguiente, es necesario concluir de lo anteriormente dicho que Dios existe; pues si bien hay en mí la idea de la sustancia, siendo yo una, no podría haber en mí la idea de una sustancia infinita, siendo yo un ser finito, de no haber sido puesta en mí por una sustancia que sea verdaderamente infinita.

Y no debo imaginar que no concibo el infinito por medio de una verdadera idea y si sólo por negación de lo finito, como la quietud y la oscuridad las comprendo porque niego el movimiento y la luz; no, pues veo manifiestamente, por el contrario, que hay más realidad en la sustancia infinita que en la finita y, por tanto, que, en cierto modo, tengo en mí mismo la noción de lo infinito antes que la de lo finito, es decir, antes la de Dios que la de mí mismo; pues ¿sería posible que yo conociera que dudo y que deseo, es decir, que algo me falta y que no soy totalmente perfecto, si no tuviera la idea de un ser más perfecto que yo, con el cual me comparo y de cuya comparación resultan los defectos de mi naturaleza?

Y no se diga que acaso sea esta idea de Dios materialmente falsa y, por consiguiente, oriunda de la nada, es decir, que acaso esté en mí porque tengo defecto, como antes dije de las ideas del calor y del frío y de otras semejantes; pues muy al contrario, siendo esa idea muy clara y distinta y encerrando más realidad objetiva que ninguna otra, no hay ninguna que sea por sí misma más verdadera ni que pueda menos prestarse a la sospecha de error y falsedad.

Digo que esta idea de un ser sumamente perfecto e infinito es muy verdadera; pues aunque acaso pudiera fingirse que ese ser no existe, no puede, sin embargo, fingirse que su idea no me representa nada real, como antes dije de la idea del frío. Es también muy clara y distinta, puesto que todo lo que mi espíritu concibe clara y distintamente y todo lo que contiene en sí alguna perfección, está contenido y encerrado en esa idea. Y esto no deja de ser verdad, aunque yo no comprenda el infinito y haya en Dios una infinidad de cosas que no puedo entender, ni siquiera alcanzar con el pensamiento; pues a la naturaleza de lo infinito pertenece el que yo, ser finito y limitado, no pueda comprenderla. Y basta que entienda esto bien y que juzgue que todas las cosas que concibo claramente y en las que sé que hay alguna perfección, como asimismo también una infinidad de otras que ignoro, está en Dios formalmente o eminentemente, para que la idea que de Dios tengo sea la más verdadera, la más clara y distinta de todas las que hay en mi espíritu.

Pero quizá soy yo también algo más de lo que imagino y acaso las perfecciones todas que atribuyo a la naturaleza de Dios están en mí, en cierto modo, en potencia, aunque aún no se produzcan y no se manifiesten por sus acciones. En efecto, ya voy experimentando que mi conocimiento aumenta y se perfecciona poco a poco, y no veo nada que pueda impedir que vaya aumentando así cada vez más, hasta el infinito, ni tampoco veo por qué, una vez acrecentado y perfeccionado, no podría yo adquirir, por medio de él, todas las demás perfecciones de la naturaleza divina, y, por último, no veo tampoco por qué el poder que tengo de adquirir tales perfecciones, si es verdad que está ahora en mí, no sería suficiente para producir las ideas de esas mismas perfecciones. Sin embargo, examinando la cosa más de cerca, bien conozco que eso no puede ser; porque, primeramente, aunque fuera verdad que mi conocimiento adquiere por días nuevos grados de perfección y que hay en mi naturaleza muchas cosas en potencia que no están aún en acto, sin embargo, todas esas ventajas ni pertenecen ni se acercan en modo alguno a la idea que tengo de la divinidad, en la cual nada hay en potencia, sino que todo es efectivo y en acto. Y ¿no es argumento infalible y ciertísimo de la imperfección de mi conocimiento el hecho de que se acreciente poco a poco y aumente por grados? Es más: aunque mi conocimiento aumente cada vez más, no dejo de concebir, sin embargo, que nunca puede ser infinito en acto, puesto que nunca llegará a tal punto de perfección que no pueda acrecentarse más. Pero a Dios lo concibo actualmente infinito y en tan alto grado, que nada puede añadirse a la suprema perfección que posee. Y, por último, comprendo muy bien que el ser objetivo de una idea no puede resultar de un ser que existe sólo en potencia y propiamente no es nada, sino sólo de un ser formal o actual[2].

Y ciertamente nada veo en todo esto que acabo de decir que no sea facilísimo de conocer por luz natural a todos cuantos quieran pensar en ello con cuidado. Pero cuando distraigo un tanto mi atención, mi espíritu, oscurecido y como cegado por las imágenes de las cosas sensibles, olvida fácilmente la razón por la cual la idea que tengo de ser más perfecto que yo debe necesariamente haberla puesto en mí un ser que sea, efectivamente, más perfecto. Por lo cual pasaré adelante y consideraré si yo mismo, que tengo esa idea de Dios, podría existir en el caso en que no hubiese Dios[3]. Y pregunto: ¿de quién tendría yo mi existencia? ¿De mí mismo acaso, o de mis padres, o bien de algunas otras causas menos perfectas que Dios, pues nada puede imaginarse más perfecto, ni siquiera igual a Él? Ahora bien: si yo fuese independiente de cualquier otro ser, si yo mismo fuese el autor de mi ser, no dudaría de cosa alguna, no sentiría deseos, no carecería de perfección alguna, pues me habría dado a mí mismo todas aquellas de que tengo alguna idea; yo sería Dios. Y no he de imaginar que las cosas que me faltan son acaso más difíciles de adquirir que las que ya poseo, pues, por el contrario, es muy cierto que si yo, es decir, una cosa o sustancia que piensa, he salido de la nada, es esto mucho más difícil que adquirir las luces y los conocimientos de varias cosas que ignoro y que no son sino accidentes de esa sustancia pensante; y, ciertamente, si yo me hubiese dado lo que acabo de decir, esto es, si yo mismo fuese el autor de mi ser, no me habría negado a mí mismo lo que se puede obtener con más facilidad, a saber: una infinidad de conocimientos de que mi naturaleza carece; ni siquiera me hubiera negado esas cosas que veo están contenidas en la idea de Dios, porque nin-

2 Aquí termina el primer argumento de la existencia de Dios.
3 Aquí comienza el segundo argumento de la existencia de Dios.

guna de ellas me parece más difícil de hacer o de adquirir; y si alguna hubiera que fuese más difícil, ciertamente me lo parecería (suponiendo que fuese yo el autor de todas las demás que poseo), porque vería que mi poder termina en ella. Y aun cuando puedo suponer que quizá he sido siempre como soy ahora, no por eso puedo quebrantar la fuerza de ese razonamiento y no dejo de conocer que es necesario que sea Dios el autor de mi existencia. Pues el tiempo de mi vida puede dividirse en una infinidad de partes, cada una de las cuales no depende en modo alguno de las demás; y así, de que yo haya existido un poco antes no se sigue que deba existir ahora, a no ser que en este momento alguna causa me produzca y me cree, por decirlo así, de nuevo, es decir, me conserve. En efecto, es cosa clarísima y evidente para todos los que consideren con atención la naturaleza del tiempo que una sustancia, para conservarse en todos los momentos de su duración, necesaria para producirla y crearla de nuevo, si no lo estuviera para producirla y crearla de nuevo, si no lo estuviera ya, de suerte que la luz natural nos deja ver claramente que la conservación y la creación no difieren sino en nuestro modo de pensar, y no efectivamente. Basta, pues, que ahora me interrogue y consulte a mí mismo, para ver si hay en mí algún poder y alguna virtud por la cual pueda yo hacer que, existiendo yo ahora, exista también dentro de un instante. Pues no siendo yo nada más que una cosa que piensa (o al menos aquí no se trata ahora precisamente más que de esta parte de mí mismo), si tal poder estuviera en mí, ciertamente que yo debería, al menos, pensarlo y conocerlo; pero en mí no lo siento, y por lo tanto, conozco evidentemente que depende de algún ser distinto a mí.

Pero quizá ese ser, de quien dependo, no sea Dios, quizá sea yo el producto o de mis padres o de algunas otras causas menos perfectas que Dios. Mas esto no puede ser en modo alguno, pues como ya tengo dicho, es muy evidente que tiene que haber, por lo menos, tanta realidad en la causa como en su efecto y, por lo tanto, puesto que soy una cosa que piensa y que tiene alguna idea de Dios, la causa de mi ser, sea cual fuere, es necesario confesar que también será una cosa que piensa y que tiene en sí la idea de todas las perfecciones que atribuyo a Dios. Podrá indagarse de nuevo si esta causa recibe de sí misma su existencia y origen o si de alguna otra cosa. Si la tiene por sí misma, se infiere, por las razones antedichas, que es Dios, puesto que teniendo la virtud de ser y existir por sí misma, debe tener también, sin duda, el poder de poseer actualmente todas las perfecciones cuyas ideas están en ella; es decir, todas las que yo concibo en Dios. Si ha recibido su existencia de alguna otra causa, se preguntará de nuevo, por iguales razones, si esta segunda causa existe por sí o por otra, hasta que gradualmente se llegue a una causa última, que será Dios. Y se ve manifiestamente que aquí no puede haber un progreso hasta el infinito, ya que no tanto se trata en esto de la causa que me produjo como de la que en el presente me conserva.

Tampoco puede fingirse que acaso varias causas hayan concurrido juntas a mi producción, y que de una recibí la idea de una de las perfecciones que atribuyo a Dios, y de otra la idea de otra, de suerte que todas esas perfecciones están desde luego en alguna parte del universo, pero no juntas y reunidas en una sola que sea Dios. Por el contrario, la unidad, la simplicidad o inseparabilidad de todas las cosas que hay en Dios, es una de las principales perfecciones que concibo en él; y ciertamente esta idea no ha podido ponerla en mí una causa que no sea también la que haya puesto las ideas de todas las demás perfecciones, pues no hubiera podido hacérmelas comprender todas juntas, inseparables, si no hubiera al mismo tiempo obrado de suerte que yo supiese cuáles eran y las conociese en cierta manera.

En fin, en lo que toca a mis padres, de quienes parece que tomo mi origen y nacimiento, diré que, aun cuando todo lo que haya podido creer sea muy verdadero, esto no significa, sin embargo, que sean ellos los que me conservan, ni siquiera los que me han hecho y producido, en cuanto que soy una sustancia que piensa, pues no hay ninguna relación entre la producción de una sustancia semejante y el acto corporal por el cual suelo creer que me han engendrado. Pero en lo que han contribuido a mi nacimiento ha sido, a lo más, poniendo ciertas disposiciones en esa materia, en la que hasta ahora he juzgado que estaba encerrado yo, es decir, mi espíritu, que es lo único que ahora considero como yo mismo: por lo tanto, no caben aquí dificultades sobre este punto, y puesto que la idea de un ser sumamente perfecto, esto es, de Dios, está en mí, la existencia de Dios queda muy evidentemente demostrada.

Sólo me resta examinar de qué modo he adquirido esta idea, pues no la he recibido por los sentidos y nunca se ha presentado a mí inopinadamente, como las ideas de las cosas sensibles, cuando estas cosas se presentan o parecen presentarse a los órganos exteriores de los sentidos; tampoco es una pura producción o ficción de mi espíritu, pues no está en mí el poder de disminuirle ni aumentarle cosa alguna: y por consiguiente, no queda más que decir sino que esta idea ha nacido y ha sido producida conmigo, al ser yo creado, como también le ocurre a la idea de mí mismo. Y, por cierto, no hay por qué extrañarse de que Dios, al crearme, haya puesto en mí esa idea para que sea como la marca del artífice impresa en su orden; y tampoco es necesario que esa marca sea algo diferente de la obra misma, sino que por sólo haberme creado Dios, es muy de creer que me ha producido, en cierto modo, a su imagen y semejanza, y que concibo esa semejanza, en la cual está contenida la idea de Dios, por la misma facultad por la que me concibo a mí mismo; es decir, que cuando hago reflexión sobre mí mismo, no sólo conozco que soy cosa imperfecta, incompleta y dependiente, que sin cesar tiende y aspira a algo mejor y más grande que yo, sino que conozco también, al mismo tiempo, que ése, de quien dependo, posee todas esas grandes cosas a que yo aspiro y cuyas ideas hallo en mí; y las posee indefinidamente, y por eso es Dios. Y toda la fuerza del argumento que he empleado aquí para probar la existencia de Dios consiste en que reconozco que no podría ser mi naturaleza lo que es, es decir, que no podría tener yo en mí mismo la idea de Dios, si Dios no existiese verdaderamente, ese mismo

Dios, digo, cuya idea está en mí, es decir, que posee todas esas elevadas perfecciones, de las cuales puede nuestro espíritu tener una ligera idea, sin poder, sin embargo, comprenderlas, y que no tiene ningún defecto ni ninguna de las cosas que denotan imperfección, por donde resulta evidente que no puede ser engañador, puesto que la luz natural nos enseña que el engaño depende necesariamente de algún defecto.

Pero antes de examinar este punto con cuidado y de pasar a la consideración de las demás verdades que pueden derivarse de él, paréceme conveniente detenerme algún tiempo a contemplar este Dios todo perfección, para apreciar detenidamente sus maravillosos atributos, considerar, admirar y adorar la incomprensible belleza de esta inmensa luz, tanto al menos como lo permita la fuerza de mi espíritu, que, en cierta manera, ha quedado deslumbrado. Pues habiéndonos enseñado la fe que la suprema beatitud de la otra vida consiste sólo en esa contemplación de la majestad divina, experimentamos ya una meditación como ésta, aunque menos perfecta sin comparación, nos proporciona el mayor contento que es posible sentir en esta vida.

MEDITACIÓN CUARTA

De lo verdadero y de lo falso

Tanto me he acostumbrado, durante los días pasados, a separar mi espíritu de los sentidos; tan exactamente he notado que es bien poco lo que sabemos con certeza de las cosas corporales, y que mucho más conocemos acerca del espíritu humano, y más aún del mismo Dios, que será para mí fácil ahora el apartar mi pensamiento de la consideración de lo sensible o imaginable, para dirigirlo a la de aquellas cosas que, por estar desprovistas de toda materia, son puramente inteligibles. Y, por cierto, la idea que tengo del espíritu humano, en cuanto es una cosa que piensa y no tiene extensión en longitud, anchura ni profundidad, y no participa en nada de lo que al cuerpo pertenece es, sin comparación, más distinta que la idea de una cosa corporal. Y cuando considero que dudo, es decir, que soy cosa incompleta y dependiente, es decir, de Dios, con tanta distinción y claridad; y tanta es también la evidencia con que concluyo que Dios existe y que mi existencia propia depende de Él enteramente, en todos los momentos de mi vida, derivando estas conclusiones de que la idea de Dios está en mí o también de que yo soy o existo, que no pienso que el espíritu humano pueda conocer cosa alguna con mayor evidencia y certeza. Y ya me parece que descubro un camino que nos llevará de esta contemplación del Dios verdadero, en quien se hallan encerrados todos los tesoros de la ciencia y de la sabiduría, al conocimiento de las otras cosas del universo.

Porque, primero, reconoce que es imposible que me engañe Dios nunca, puesto que en el engaño y en el fraude hay una especie de imperfección; y aunque parezca que poder burlar es señal de sutileza o potencia, sin embargo, querer burlar es, sin duda alguna, un signo de debilidad o malicia, por lo cual no puede estar en Dios. Reconozco, además, por propia experiencia, que hay en mí cierta facultad de juzgar o discernir lo verdadero de falso, que sin duda he recibido de Dios, como todo cuanto hay en mí y yo poseo; y puesto que es imposible que Dios quiera engañarme, es también cierto que no me ha dado tal facultad para que me conduzca al error, si uso bien de ella.

Y de esto no cabría duda alguna, si no fuera porque, al parecer, puede derivarse de aquí la consecuencia de que nunca puedo equivocarme; pues si todo lo que hay en mí viene de Dios y si Dios no me ha dado ninguna facultad de errar, parece que nunca deberé engañarme. Y es cierto, en efecto, que cuando me considero sólo como oriundo de Dios y me vuelvo todo hacia Él, no descubro en mí ninguna causa de error o de falsedad; pero tan pronto como vengo a mirarme a mí mismo, declárame la experiencia que cometo, sin embargo, infinidad de errores y, al buscar la causa de ellos, advierto que no sólo se presenta a mi pensamiento una idea real y positiva de Dios, o sea de un ser sumamente perfecto, sino también, por decirlo así, cierta idea negativa de la nada, es decir, de lo que se halla infinitamente lejos de toda suerte de perfección; y me veo como en un término medio entre Dios y la nada, esto es, colocado de tal suerte entre el Ser Supremo y el no ser que, ciertamente, en cuanto que soy un producto del Ser Supremo, nada hay en mí que pueda inducirme a error, pero si me considero como partícipe, en cierto modo, de la nada o del no ser, es decir, si me considero como no siendo yo mismo el Ser Supremo y careciendo de varias cosas, véome expuesto a infinidad de defectos, de tal suerte que no es extraño que me equivoque mucho. Y así vengo a reconocer que el error, como tal, no es nada real y derivado de Dios, sino un defecto, y por lo tanto que, para errar, no necesito una facultad que Dios me diera particularmente para ello, sino que, si me engaño, es porque la potencia que Dios me ha dado de discernir lo verdadero de lo falso no es infinita en mí.

Sin embargo, esto aún no me satisface por completo, pues el error no es una pura negación, es decir, simple falta o carencia de una perfección, que no me es debida, sino la privación de un conocimiento que parece que yo debiera tener. Ahora bien: si consideramos la naturaleza de Dios, no parece posible que haya puesto en mí una facultad que no sea perfecta en su género, es decir, que carezca de alguna perfección que le sea debida; pues si es verdad que, cuanto más experto es el artífice, tanto más perfectas y cumplidas son las obras que salen de sus manos, ¿qué puede haber producido el Supremo Creador del universo que no sea perfecto y del todo acabado en todas sus partes? Y ciertamente no cabe duda de que Dios pudo crearme tal que no me equivocase nunca; cierto es también que Dios quiere siempre lo mejor; ¿es, pues, mejor poder que no poder errar?

Al considerar esto con atención, me ocurre ante todo pensar que no debo extrañarme de no poder comprender por qué hace Dios lo que hace, y que no por eso hay que dudar de su existencia; porque acaso veo por experiencia muchas otras cosas que existen, sin poder comprender por qué ni cómo las ha hecho Dios; pues sabiendo, como sé, que mi naturaleza es en extremo endeble y limitada y que la de Dios, por el contrario, es inmensa, incomprensible e infinita, ya no me es difícil desconocer que hay infinitas cosas en su poder cuyas causas exceden al alcance de mi espíritu; y basta esta razón para persuadirme de que todas esas causas, que suelen sacarse de los fines, no tienen aplicación alguna en las cosas físicas o naturales; pues no me parece que se pueda, sin temeridad, indagar y tratar de descubrir los fines impenetrables de Dios.

Además, ocúrreseme también pensar que no debe considerarse una sola criatura por separado, cuando se examina si las obras de Dios son perfectas, sino en general todas las criaturas juntas; pues una cosa que pudiera parecer, con cierta especie de razón, muy imperfecta si estuviese sola en el mundo, no deja de ser muy perfecta si se considera como una parte del universo todo; y aun cuando, desde que concebí el propósito de dudar de todo, no he conocido con certeza nada, sino mi propia existencia y la de Dios, sin embargo, habiendo también reconocido el poder infinito de Dios, no puedo negar que haya producido otras muchas cosas o, por lo menos, que pueda producirlas de tal suerte que yo exista y me vea situado en el mundo como parte de la universalidad de los seres.

Después de esto, mirándome más de cerca y considerando cuáles son mis errores, que por sí solos demuestran que hay en mí imperfección, encuentro que dependen del concurso de dos causas, a saber: facultad de conocer, que hay en mí, y la facultad de elegir, o sea mi libre albedrío; esto es, mi entendimiento y mi voluntad. Pues yo, por medio del entendimiento no afirmo ni niego cosa alguna, sino que concibo solamente las ideas de las cosas que puedo afirmar o negar. Y considerándolo precisamente así, puede decirse que no se encuentra nunca en él error alguno, con tal de que se tome la palabra error en su significación propia. Y aun cuando hay quizá en el mundo una infinidad de cosas, de que mi entendimiento no tiene idea alguna, no por eso puede decirse que esté privado de esas ideas, como si ellas fuesen debidas a la naturaleza del entendimiento, sino sólo que no las tiene, porque, en efecto, no hay ninguna razón que pueda demostrar que Dios debió darme una facultad de conocer más amplia y grande que la que me ha dado; y por muy diestro y sabio que me represente al divino artífice, no he de pensar por eso que debió poner en todas y cada una de sus obras las perfecciones todas que puede poner en algunas. No puedo quejarme tampoco de que Dios no me haya dado un libre albedrío o una voluntad bastante amplia y perfecta, puesto que la siento tan amplia y extensa, que no la veo encerrada en ningunos límites. Y lo que me parece muy notable en este punto, es que de entre todas las otras cosas que hay en mí, no hay ninguna que sea tan perfecta y grande que no reconozca yo que podría muy bien ser aún más perfecta y grande. Pues, por ejemplo, si considero la facultad de concebir, encuentro que es muy pequeña en extensión y sumamente limitada, y me represento al mismo tiempo la idea de otra facultad mucho más amplia y hasta infinita; y porque puedo representarme esta idea, conozco sin dificultad que esa facultad infinita pertenece a la naturaleza divina. De igual modo, si examino la memoria o la imaginación o alguna otra facultad que esté en mí, ninguna encuentro que no sea pequeñísima y limitadísima, mientras que en Dios es inmensa e infinita. Sólo la voluntad o libertad del albedrío la siento en mí tan grande, que no concibo idea de otra más amplia y extensa: de suerte que es ella principalmente la que me hace saber que estoy hecho a imagen y semejanza de Dios. Pues aun cuando es, sin comparación, mayor en Dios que en mí, tanto por razón del conocimiento y de la potencia que con ella se juntan y la hacen más firme y eficaz, cuanto también por razón del objeto, pues refiere y extiende a una infinidad de cosas más, sin embargo, no me parece muy grande si la considero formal y precisamente en sí misma. Pues consiste tan sólo en que podemos hacer una cosa o no hacerla, es decir, afirmar o negar, buscar o evitar una misma cosa; o, mejor dicho, consiste sólo en que, para afirmar o negar, buscar o evitar las cosas que el entendimiento nos propone, obramos de suerte que no nos sentimos constreñidos por ninguna fuerza exterior. Pues para ser libre no es necesario ser indiferente a la elección de uno u otro de los dos contrarios, sino que, cuanto más propenso a uno de ellos, sea porque conozco con evidencia que el bien y la verdad están en él, o porque Dios dispone así el interior de mi pensamiento, tanto más libremente lo elijo y abrazo; y, ciertamente, la gracia divina y el conocimiento natural, lejos de disminuir mi libertad, la aumentan y fortifican; de suerte que esa indiferencia que siento, cuando ninguna razón me arrastra, por su peso, hacia uno u otro lado, es el grado inferior de la libertad y más denota defecto en el conocimiento que perfección en la voluntad; pues si siempre tuviéramos un conocimiento claro de lo que es verdadero y bueno, nunca sería laboriosa la deliberación acerca del juicio o elección que habríamos de tomar, y por ende, seríamos del todo libres, sin ser nunca indiferentes.

Por todo esto, reconozco que ni la potencia de querer, que he recibido de Dios, es por sí misma la causa de mis errores, pues que es amplísima y perfectísima en su género, ni tampoco la potencia de entender o concebir, pues como nada concibo si no es mediante esta potencia que Dios me ha dado para concebir, sin duda que todo cuanto concibo lo concibo como es debido, y no es posible que en esto me engañe.

¿De dónde nacen, pues, mis errores? Nacen de que la voluntad, siendo mucho más amplia y extensa que el entendimiento, no se contiene dentro de los mismos límites, sino que se extiende también a las cosas que no comprendo; y, como de suyo es indiferente, se extravía con mucha facilidad y elige lo falso en vez de lo verdadero, el mal en vez del bien; por todo lo cual sucede que me engaño y peco.

Por ejemplo: días pasados examinaba yo si existía verdaderamente algo en el mundo; y conociendo que, puesto que examinaba esta cuestión, se seguía, muy evidentemente, que yo mismo existía, no pude por menos de juzgar que una cosa, tan claramente concebida, era verdadera, no porque me forzaran a ello causas exteriores, sino sólo porque, de la gran claridad que en mi entendimiento había, se siguió una gran inclinación en mi voluntad; y con tanta mayor libertad di en creerlo, cuanto menor fue la indiferencia. Por el contrario, ahora no sólo conozco que existo como una cosa que piensa, sino que también se presenta a mi espíritu cierta idea de la naturaleza corporal, por la cual dudo si esta naturaleza pensante que hay en mí, o más bien, que soy yo, es diferente de la naturaleza corporal, o si ambas no serían una misma cosa; y supongo aquí, ahora, que no conozco aún razón alguna que me decida por esto mejor que por lo otro; de donde se sigue que soy indiferente por completo a afirmarlo o negarlo, o hasta abstenerme de formular juicio.

Y esta indiferencia no se extiende sólo a las cosas de que el entendimiento no tiene conocimiento, sino en general, también a todas cuantas no descubre con perfecta claridad, en el momento en que delibera la voluntad; pues por probables que sean las conjeturas que me inclinan a juzgar de algo, basta el conocimiento que tengo de que sólo son conjeturas y no ciertas e indudables razones, para darme ocasión de juzgar lo contrario, y esto lo he experimentado suficientemente días pasados, cuando supuse falso todo lo que había considerado antes como verdadero, por sólo haber notado que podía, en cierto modo, ponerse en duda. Pues bien: si me abstengo de dar mi juicio sobre una cosa, cuando no la concibo con bastante claridad y distinción, es evidente que hago bien y no me engaño; pero si me dedico a afirmarlo o negarlo, entonces no hago el uso que debo de mi libre albedrío; y si afirmo lo que no es verdadero, es evidente que me equivoco; y aun cuando resulte que juzgo según la verdad, ello será debido a la casualidad, y no dejaré de haber faltado y usado mal de mi libre albedrío, pues enséñanos la luz natural que el conocimiento del entendimiento ha de preceder siempre a la determinación de la voluntad.

En este mal uso del libre albedrío está, pues, la privación que constituye la forma del error. La privación, digo, se encuentra en la operación, en cuanto que procede de mí; mas no se encuentra en la facultad que he recibido de Dios; ni siquiera en la operación, en cuanto que depende de él; porque no tengo ciertamente motivo ninguno para quejarme de que Dios no me haya dado una inteligencia más amplia y una luz más perfecta que las que me ha dado, puesto que es propio de la naturaleza de un entendimiento finito el no entender varias cosas, y de la naturaleza de un entendimiento creado al ser finito; motivos muchos tengo, en cambio, para darle las gracias porque, no debiéndome nada, me ha dado, sin embargo, las pocas perfecciones que están en mí, en lugar de concebir tan injustos sentimientos como serían imaginar que me ha quitado o sustraído injustamente las demás perfecciones que no me ha dado.

Tampoco tengo por qué quejarme de que me haya dado una voluntad más amplia que el entendimiento, puesto que la voluntad, no consistiendo sino en una sola cosa y, por decirlo así, en un indivisible, parece que por naturaleza es tal que nada podría quitársela sin destruirla; y ciertamente cuanta más extensión tenga, más obligado estaré a gratitud, por la bondad de quien me la ha dado.

Por último, no debo tampoco quejarme de que Dios concurra conmigo a formar los actos de esa voluntad, es decir, los juicios engañosos que yo hago, pues los tales actos son por completo verdaderos y absolutamente buenos, en cuanto que dependen de Dios; y, en cierto modo, hay en mi naturaleza más perfección por poderlos formar que si no pudiera hacerlo. En lo que toca a la privación, que es lo único en que consiste la razón formal del error y del pecado, no necesita ningún concurso de Dios, porque no es una cosa o un ser; y si es referida a Dios como causa, no debe llamarse privación, sino sólo negación, según el significado que estas palabras tienen en la escuela. Pues en efecto, no es en Dios imperfección el haberme dado la libertad de fallar un juicio o de no fallarlo, sobre cosas de las que no he puesto en mi entendimiento un conocimiento claro y distinto; pero es en mí, sin duda, una imperfección el no usar bien de esa libertad y fallar juicios temerarios sobre cosas que concibo oscuras y confusas.

Sin embargo, veo que hubiera sido fácil a Dios el hacer de manera que nunca me equivocase, aun permaneciendo libre y siendo limitado mi conocimiento; bastábale haber dado a mi entendimiento una inteligencia clara y distinta de todas aquellas cosas que hubieran de ser objeto de mis deliberaciones, o bien sólo haber impreso tan profundamente en mi memoria la resolución de no juzgar nunca una cosa sin concebirla clara y distinta, que no pudiera nunca olvidarla. Y bien advierto que, considerándome solo y aislado en el mundo, hubiera sido yo mucho más perfecto de lo que soy si Dios me hubiera creado incapaz de equivocarme; pero no por eso puedo negar que, en el universo, es más perfección, en cierto modo, el que algunas partes no carezcan de defecto y otras sí que si fuesen todas iguales.

Y no tengo ningún derecho a quejarme de que Dios, al ponerme en el mundo, no me haya colocado entre las cosas más nobles y perfectas; y aun tengo motivos para estar contento, porque si bien no me ha dado la perfección de no errar, empleando el primero de los medios citados más arriba, que es el de dar a mi entendimiento un conocimiento claro y evidente de todas aquellas cosas de que pueda deliberar, en cambio ha dejado, por lo menos, en mi poder el otro medio, que es mantenerme firme en la resolución de no dar nunca mi juicio sobre cosas cuya verdad no conozca claramente; pues aunque experimento en mí mismo la debilidad de no poder adherir continuamente mi espíritu a un mismo pensamiento, puedo, sin embargo, por medio de una meditación atenta y reiterada, imprimirlo hondamente en la memoria, hasta el punto de no dejar nunca de recordarlo, cuando lo necesite, adquiriendo así la costumbre de no errar; y por cuanto en esto consiste la más grande y principal perfección del hombre, estimo que no ha sido de poco provecho la meditación de hoy, que me ha descubierto la causa del error y la falsedad.

Y, por cierto, no puede haber otra que la que he explicado, pues mientras contengo mi voluntad dentro de los límites de mi conocimiento, sin juzgar más que de aquellas cosas que el entendimiento representa claras y distintas, no puede suceder que me equivoque, porque toda la concepción clara y distinta es, sin duda, algo y, por lo tanto, no puede provenir de la nada, y debe necesariamente ser obra de Dios, quien siendo sumamente perfecto, no puede ser causa de error; y, por consiguiente, hay que concluir que esa concepción o ese juicio es verdadero. Por lo demás, no sólo he aprendido hoy lo que debo evitar para no errar, sino también lo que debo hacer para llegar al conocimiento de la verdad. Pues de seguro que llegaré a alcanzarlo si detengo bastante mi atención sobre las cosas que concibo perfectamente, separándolas de las que concibo confusas y oscuras; de todo lo cual me cuidaré mucho en adelante.

MEDITACIÓN QUINTA

De la esencia de las cosas materiales, y otra vez de la existencia de Dios

Muchas otras cosas me quedan por examinar sobre los atributos de Dios y mi propia naturaleza, es decir, la de mi espíritu; pero acaso otro día me ponga a investigar estos puntos. Ahora, habiendo notado lo que es preciso hacer o evitar para llegar al conocimiento de la verdad, lo que me queda aún principalmente por hacer es tratar de salir y librarme de las dudas en que caí días pasados, y ver si no podré conocer nada cierto tocante a las cosas existentes fuera de mí, debo considerar sus ideas, en cuanto que se hallan en mi pensamiento, y ver cuáles son distintas y cuáles confusas.

En primer lugar, imagino distintamente esa cantidad que los filósofos llaman vulgarmente cantidad continua, o extensión de longitud, latitud y profundidad, que hay en esa cantidad, o más bien en la cosa a que se atribuye. Además, puedo enumerar en ella varias partes diversas y atribuir a cada una de esas partes toda suerte de magnitudes, figuras, situaciones y movimientos; y en fin, puedo asignar a cada uno de esos movimientos toda suerte de duraciones. Y no sólo conozco esas cosas con distinción, cuando las considero así en general, sino que también, por poca atención que ponga, llego a conocer una infinidad de particularidades acerca de los números, las figuras, los movimientos y otras cosas semejantes, cuya verdad se manifiesta con tanta evidencia y concuerda tan bien con mi naturaleza, que cuando comienzo a descubrirlas, no me parece que aprendo nada nuevo, sino más bien que recuerdo lo que ya sabía antes, es decir, que me apercibo de cosas que ya estaban en mi espíritu, aun cuando no había dirigido todavía mi pensamiento hacia ellas. Y lo que aquí encuentro más digno de consideración es que hallo en mí una infinidad de ideas de ciertas cosas, que no pueden estimarse como pura nada, aunque quizá no tengan existencia alguna fuera de mi pensamiento, y que no han sido fingidas por mí, aun cuando tenga yo libertad de pensarlas o no pensarlas, sino que tienen sus verdaderas e inmutables naturalezas. Como, por ejemplo, cuando imagino un triángulo, aun cuando quizá no haya en ninguna parte del mundo, fuera de mi pensamiento, una figura tal como ésa, ni la haya habido jamás, sin embargo, no deja de haber cierta naturaleza o forma o esencia determinada de esa figura, la cual es inmutable y eterna, y yo no he inventado, y no depende en manera alguna de mi espíritu; lo cual se ve bien, porque se pueden demostrar varias propiedades de ese triángulo, a saber: que sus tres ángulos son iguales a dos rectos, que el ángulo mayor se opone al mayor lado y otras semejantes, las cuales, ahora, quiéralo yo o no, reconozco muy clara y muy evidentemente que están en él, aun cuando anteriormente no haya pensado de ningún modo en ellas, al imaginar por vez primera un triángulo; por lo tanto, no puede decirse que yo las haya fingido ni inventado. Y no tengo por qué objetarme, en este punto, que acaso esa idea del triángulo haya entrado en mi espíritu por medio de mis sentidos, por haber visto alguna vez cuerpos de figura triangular; pues puedo formar en mi espíritu infinidad de figuras, de las que no cabe sospechar en lo más mínimo que hayan entrado en mí por los sentidos, y, sin embargo, no deja de serme posible demostrar varias propiedades de su naturaleza, como hice de la del triángulo; esas propiedades deben ciertamente ser todas verdaderas, ya que las concibo claramente; y por ende son algo y no una pura nada; pues es bien evidente que todo lo que es verdadero es algo, siendo la verdad y el ser una misma cosa; y he demostrado ampliamente más arriba que todo lo que conozco clara y distintamente es verdadero. Y aunque no lo hubiese demostrado, es tal la naturaleza de mi espíritu, que no puedo por menos de estimarlo verdadero mientras lo estoy concibiendo clara y distintamente; y recuerdo que, cuando aún estaba adherido con fuerza a los objetos sensibles, había puesto en el número de las más constantes verdades, las que concebía clara y distintamente acerca de las figuras, los números y demás cosas que atañen a la aritmética y a la geometría.

Ahora bien: si pudiendo yo sacar de mi pensamiento la idea de una cosa se sigue en consecuencia que todo cuanto reconozco clara y distintamente pertenecer a esa cosa le pertenece en efecto, ¿no puedo hacer de esto un argumento y una prueba demostrativa de la existencia de Dios? Es bien cierto que yo hallo en mí su idea, es decir, la idea de un ser sumamente perfecto, como hallo la idea de cualquier figura o número; y conozco que una existencia actual y eterna pertenece a su naturaleza, con no menor claridad y distinción que cuando conozco que todo lo que puedo demostrar de un número o de una figura pertenece verdaderamente a la naturaleza de ese número o de esa figura; y, por ende, aunque ninguna de las conclusiones a que he llegado en las anteriores meditaciones fuese verdadera, la existencia de Dios debería presentarse a mi espíritu con tanta certidumbre, por lo menos, como la que he atribuido hasta ahora a todas las verdades matemáticas que no atañen sino a los números y a las figuras, aunque, en verdad, ello no parezca al principio enteramente manifiesto y semeje tener cierto aspecto de sofisma. Pues habituado en todas las demás cosas a distinguir entre la existencia y la esencia, me persuado fácilmente de que la existencia puede separarse de la esencia de Dios y, por lo tanto, de que es posible concebir a Dios como no siendo actualmente. Pero, sin embargo, cuando pienso en ello con más atención, encuentro manifiestamente que es tan imposible separar de la esencia de Dios su existencia, como de la esencia de un triángulo rectilíneo el que la magnitud de sus tres ángulos sea igual a dos rectos, o bien de la idea de una montaña la idea de un valle; de suerte que no hay menos repugnancia en concebir un Dios, esto es, un ser sumamente perfecto a quien faltare la existencia, esto es, a quien faltare una perfección, que en concebir una montaña sin valle.

Pero aun cuando efectivamente no pueda yo concebir a Dios sin la existencia, como tampoco una montaña sin valle, sin embargo, porque yo conciba una montaña con valle, no por eso se infiere en consecuencia que exista montaña alguna en el mundo; del mismo modo, pues, aunque yo conciba a Dios como existente, no se sigue por ello, al parecer, que Dios exista; pues mi pensamiento no impone necesidad alguna a las cosas; y así, como de mí sólo depende el imaginar un caballo alado, aun cuando no haya ninguno que tenga alas, así también podría acaso atribuir yo la existencia de Dios, sin que por eso haya un Dios existente. Mas ello no es así ni mucho menos; aquí es donde hay un sofisma oculto, bajo la apariencia de esa objeción, pues porque yo no pueda concebir una montaña sin valle, no se infiere que haya en el mundo montaña sin valle, sino sólo que la montaña y el valle, existan o no, son inseparables una de otro; mientras que, puesto que no puedo concebir a Dios sino como existente, se infiere que la existencia es inseparable de él y, por lo tanto, que existe verdaderamente. No es que mi pensamiento pueda hacer que eso sea, ni imponga necesidad que hay en la cosa misma, es decir, la necesidad de la existencia de Dios, me determina a tener ese pensamiento; no soy libre de concebir a Dios sin la existencia, es decir, a un ser sumamente perfecto, sin una suma perfección, como soy libre de imaginar un caballo sin alas o con alas.

Y no vale decir en contra de esto que resulta ciertamente necesario confesar que Dios existe, puesto que he hecho la suposición de que posee todas las perfecciones, y la existencia es una de ellas, pero que esa mi primera suposición no era necesaria, como no es necesario pensar que todas las figuras de cuatro lados pueden inscribirse en el círculo; pues suponiendo que yo tuviera este pensamiento, me vería forzado a confesar que el rombo puede inscribirse en un círculo, puesto que es figura de cuatro lados y, por ende, a admitir algo que es falso. No debo, repito, alegar esta objeción, pues si bien no es necesario que mi pensamiento dé en pensar la idea de Dios, sin embargo, cuantas veces me ocurra pensar en un ser primero y soberano, y sacar, por decirlo así, su idea del tesoro de mi espíritu, será necesario que le atribuya toda suerte de perfecciones, aunque no las enumere todas ni dirija mi atención a cada una de ellas en particular. Y esta necesidad es suficiente para que después (tan pronto como llegue a reconocer que la existencia es una perfección) concluya muy correctamente que este ser primitivo y soberano existe. De igual manera, no es necesario quiera considerar nunca un triángulo; pero cuantas veces quiera considerar una figura rectilínea, compuesta sólo de tres ángulos, será absolutamente necesario que le atribuya todo lo que sirve para inferir que esos tres ángulos son iguales a dos rectos, aunque de momento no considere esto particularmente. Pero cuando examino cuáles son las figuras que pueden inscribirse en el círculo, no es en modo alguno necesario pensar que todas las de cuatro lados; por el contrario, ni siquiera podré fingir que sea así, mientras se consienta en admitir en mi pensamiento nada que no pueda concebir clara y distintamente. Y, por consiguiente, hay grandísima diferencia entre las suposiciones falsas, como es ésta, y las verdaderas ideas nacidas conmigo, de las cuales la primera y principal es la de Dios. Pues efectivamente reconozco, por varias maneras, que esta idea no es algo fingido o inventado, dependiente tan sólo de mi pensamiento, sino la imagen de una verdadera e inmutable naturaleza; primeramente, porque no puedo concebir otra cosa, sino sólo Dios, a cuya esencia pertenezca necesariamente la existencia; luego, porque no me es posible concebir dos o más dioses como él, y supuesto que haya uno que exista ahora, veo claramente que es necesario que haya existido antes en toda la eternidad y que exista eternamente en el porvenir; y, por último, porque concibo en Dios algunas otras cosas que no puedo disminuir ni cambiar en nada.

Por lo demás, cualquiera que sea la prueba y argumento que utilice, siempre habrá que venir a parar a esto: que sólo las cosas que concibo clara y distintamente tienen fuerza bastante para persuadirme por completo. Y aun cuando entre las cosas que concibo de esta suerte hay en verdad algunas que son conocidas manifiestamente por todos, y otras también que se declaran sólo a quienes las consideran más de cerca y las examinan con exactitud, sin embargo, cuando han sido descubiertas, no son menos ciertas unas que otras. Como, por ejemplo, la propiedad que tiene todo triángulo rectángulo de que el cuadrado de la base es igual a la suma de los cuadrados de los otros dos lados, no aparece tan fácil y evidente como esta otra, a saber: que esa base es opuesta al ángulo mayor; y, sin embargo, cuando aquélla ha sido conocida una vez, ya todos quedamos tan persuadidos de la verdad de la una como de la otra. Y en lo que se refiere a Dios, ciertamente que si mi espíritu no fuese presa de ningún prejuicio, y mi pensamiento no estuviese distraído por la presencia continua de las imágenes de las cosas sensibles, no habría cosa alguna que yo conociese antes ni más fácilmente que a él. Pues ¿hay algo que sea más claro y manifiesto que pensar que hay un Dios, es decir, un ser soberano y perfecto, el único en cuya idea está incluida la existencia necesaria o eterna y que, por lo tanto, existe? Y aunque para concebir bien esta verdad he necesitado gran aplicación del espíritu, sin embargo, ahora, no sólo estoy seguro de ella como de lo que tengo por más cierto, sino que, además, advierto que la certidumbre de todas las demás cosas depende de Dios tan absolutamente, que sin este conocimiento fuera imposible saber nunca nada perfectamente.

Pues aun cuando mi naturaleza es tal que, en comprendiendo una cosa muy clara y distintamente, no puedo por menos de creerla verdadera, sin embargo, también por naturaleza, me sucede que no puedo tener el espíritu continuamente atento a una misma cosa, y muchas veces me acuerdo de haber juzgado verdadera una cosa cuando ya he cesado de considerar las razones que me obligaron a juzgarla así; por lo cual puede ocurrir, durante ese tiempo, que acudan a mi mente otras razones que me harían cambiar fácilmente de opinión, si no supiese que hay un Dios; y así nunca poseería una creencia verdadera y cierta, sino sólo opiniones vagas e inconstantes. Así, por ejemplo, cuando considero la naturaleza del triángulo rectilíneo, conozco evidentemente, porque estoy algo versado en geometría, que sus tres ángulos son iguales a dos rectos, y no puedo por menos de creerlo mientras está mi pensamiento atento a la demostración; pero tan pronto como aparto el pensamiento de esa demostración, aunque me acuerde de haberla entendido claramente, podrá ocurrir fácilmente que dude de su verdad, si no sé que Dios existe, pues puedo persuadirme de que la naturaleza me ha hecho de manera que me equivoque fácilmente, aun en las cosas que creo comprender con más evidencia y certeza, tanto más cuanto que me acuerdo de haber considerado verdaderas y ciertas muchas cosas que luego, por otras razones, me han parecido absolutamente falsas.

Pero habiendo conocido que hay un Dios, y que todas las cosas dependen de Él, y que no me engaña; y habiendo luego juzgado que todo lo que concibo clara y distintamente no puede dejar de ser verdad, no es necesario que piense en las razones por las cuales juzgué que ello era verdadero, con tal de que recuerde haberlo comprendido clara y distintamente, y no puede nadie presentar una razón contraria que me haga ponerlo en duda, y así tengo una ciencia verdadera y cierta. Y esta nueva ciencia se extiende también a todas las demás cosas, que recuerdo haber demostrado antes, como son las verdades de la geometría y otras por el estilo. Pues ¿qué puede objetárseme para obligarme a ponerlas en duda? ¿Que mi naturaleza es tal que estoy muy expuesto a error? Pero ya sé que no puedo errar en los juicios cuyas razones conozco claramente. ¿Que he considerado verdaderas y ciertas muchas cosas que luego he conocido ser menos fuertes de lo que entonces esas cosas las había conocido clara y distintamente, y como aún ignoraba esta regla, que me da seguridades de verdad, habíame decidido a creerlas por razones que luego he conocido ser menos fuerte de lo que entonces imaginaba. ¿Qué podrá oponérseme además? ¿Que duermo acaso (como yo mismo me objeté en anterior meditación), o que los pensamientos que ahora tengo no son más verdaderos que los fantasmas de los sueños? Pero aun cuando estuviese dormido, todo cuanto se presenta evidente a mi espíritu es absolutamente verdadero.

Y así conozco muy claramente que la certeza y verdad de toda ciencia dependen únicamente del conocimiento del verdadero Dios, de suerte que, antes de conocerle, no podía yo saber nada con perfección. Y ahora, conociéndolo, poseo el modo de adquirir una ciencia perfecta sobre infinidad de cosas, no sólo de las que están en Él, sino también de las que pertenecen a la naturaleza corporal en cuanto objeto posible de las demostraciones geométricas, que no se curan de la existencia del cuerpo.

MEDITACIÓN SEXTA

De la existencia de las cosas materiales y de la distinción real entre el alma y el cuerpo del hombre

Sólo me queda por examinar ahora si hay cosas materiales; y, por cierto, ya sé que puede haberlas, en cuanto que se las considere como objetos de las demostraciones geométricas, ya que de esa manera las concibo muy clara y distintamente. Pues no cabe duda alguna de que Dios tiene el poder de producir todas las cosas que yo puedo concebir con distinción; y nunca he juzgado que le fuera imposible hacer una cosa, sino porque yo encontraba contradicción en concebirla bien. Además, la facultad de imaginar, que está en mí, y que por experiencia veo que uso, cuando me aplico a la consideración de las cosas materiales, es capaz de convencerme de su existencia; pues cuando atentamente considero lo que sea la imaginación, hallo que no es otra cosa sino cierta aplicación de la facultad de conocer al cuerpo, que le es presente íntimamente y que, por lo tanto, existe.

Y para que esto se vea bien patentemente, haré notar primero la diferencia que existe entre la imaginación y la pura intelección o concepción. Por ejemplo, cuando imagino un triángulo, no sólo concibo que es una figura compuesta de tres líneas, sino además contemplo las tres líneas como si las tuviese presentes, por la fuerza y aplicación interior de mi espíritu; y esto es propiamente lo que llamo imaginar. Si quiero pensar en un quiliógono, concibo bien, en verdad, que es una figura compuesta de mil lados, como un triángulo es una figura compuesta sólo de tres lados; pero no puedo imaginar los mil lados de un quiliógono como los tres de un triángulo; no puedo, por decirlo así, verlos presentes con los ojos del espíritu. Y si bien es cierto que, siguiendo la costumbre que tengo de emplear siempre mi imaginación, cuando pienso en las cosas corporales, sucede que, al concebir un quiliógono, me represento confusamente una figura; sin embargo, es bien evidente que esta figura no es un quiliógono, puesto que no difiere en nada de la que representaría si pensase en un miriágono o en otra cualquiera figura de muchos lados, y no sirve en modo alguno para descubrir las propiedades que constituyen la diferencia entre el quiliógono y los demás polígonos. Si se trata de un pentágono, puedo ciertamente concebir su figura, como la de un quiliógono, sin la ayuda de la imaginación; pero también la puedo imaginar dirigiendo la atención de mi espíritu a cada uno de los cinco lados y, al mismo tiempo, al área o espacio comprendido en ellos. Así conozco claramente que necesito una particular contención del espíritu para imaginar, la cual no me hace falta para concebir o entender; y esta particular contención del espíritu muestra evidentemente la diferencia que hay entre la imaginación y la intelección o concepción pura. Advierto también que esa virtud de imaginar que hay en mí, en cuanto que difiere de la potencia de concebir, no es en manera alguna necesaria a mi naturaleza o esencia, esto es, a la esencia de mi espíritu; pues aun cuando no la tuviese, no hay duda de que seguiría siendo el mismo que soy ahora; de donde parece que se puede inferir que depende de alguna cosa que no es mi espíritu. Y fácilmente concibo que, si existe algún cuerpo al que mi espíritu esté tan junto y unido que pueda aplicarse a considerarlo siempre que quiera, podrá suceder que de esa manera imagine las cosas corporales. De suerte que esa manera de pensar difiere de la intelección pura en que el espíritu, cuando concibe, entra en cierto modo en sí mismo y considera alguna de las ideas que tiene en sí; pero cuando imagina, se vuelve hacia el cuerpo para considerar algo conforme a la idea que él mismo ha formado o recibido por los sentidos. Concibo, pues, digo, fácilmente, que la imaginación pueda formarse de esa suerte, si es cierto que existen cuerpos; y no pudiendo encontrar otro camino para explicar cómo se forma, hago la probable conjetura de que hay cuerpos; pero la conjetura es sólo probable, y aunque examino cuidadosamente todas las cosas, no veo, sin embargo, que de esta idea distinta que de la naturaleza corporal tengo en mi imaginación pueda yo sacar argumento necesario y concluyente para afirmar la existencia de algún cuerpo.

Ahora bien: ha sido mi costumbre imaginar otras muchas cosas, además de la naturaleza corporal, que es el objeto de la geometría, y son, a saber: los colores, los sonidos, los sabores, el dolor y otras semejantes, si bien menos distintamente. Y por cuanto percibo mucho mejor esas cosas por los sentidos, los cuales, con la memoria, parecen haberlas traído hasta mi imaginación, creo que, para considerarlas con más comodidad, convendrá que examine al mismo tiempo lo que sea sentir y vea si de esas ideas que recibo en mi espíritu por medio del modo de pensar que llamo sentir no podré sacar alguna prueba cierta de la existencia de las cosas corporales.

Primeramente recordaré cuáles son las cosas que antes consideré como verdaderas, por haberlas recibido mediante los sentidos, y haré memoria de los fundamentos en que se mantenía mi creencia; luego examinaré las razones que me han obligado después a ponerlas en duda; y, por último, consideraré qué es lo que debo creer ahora.

He sentido, pues, primero, que tenía una cabeza, manos, pies y demás miembros que constituyen este cuerpo, considerado por mí como una parte de mí mismo y, acaso, incluso como el todo. Además, he sentido que este cuerpo estaba colocado entre otros muchos, de los cuales podía recibir diferentes comodidades e incomodidades; y notaba las condiciones por cierto sentimiento de placer o voluptuosidad, y las incomodidades por un sentimiento de dolor. Además del placer y del dolor, sentía en mí el hambre, la sed y otros apetitos semejantes, como también ciertas inclinaciones del cuerpo hacia la alegría, la tristeza, la ira y demás pasiones. Y fuera de mí, además de la extensión, las figuras y los movimientos de los cuerpos, advertía en éstos dureza, calor y otras cualidades, que el tacto aprecia; también sentía luz, colores, olores, sabores y sonidos, cuya variedad me proporcionaba medios para distinguir el cielo, la tierra, el mar y, en general, los cuerpos todos, unos de otros. Por cierto que, considerando las ideas de todas estas cualidades, que se presentaban a mi pensamiento y que son las únicas que yo sentía propia e inmediatamente, creía, no sin razón, que lo que sentía eran cosas enteramente diferentes de mi pensamiento, a saber: unos cuerpos de donde procedían esas ideas. Pues conocía por experiencia que se presentaban a mi pensamiento sin que para ello fuese precisa mi previa autorización; de suerte que no podía sentir objeto alguno, por mucho que quisiera, si el tal objeto no se hallaba presente al órgano de uno de mis sentidos; y en mi poder no estaba, de ninguna manera, el no sentirlo si se hallaba presente. Y como las ideas que yo recibía por los sentidos eran mucho más vivas, explícitas y hasta distintas, a su modo, que las que podía fingir meditando, o las que encontraba impresas en mi memoria, parecíame que no podían proceder de mi espíritu, y que era, por lo tanto, necesario que fuesen causadas en mí por algunas otras cosas. Y no teniendo de estas cosas otro conocimiento que el que me daban esas mismas ideas, ocurrióseme pensar que los objetos son semejantes a las ideas que causan. Y como recordaba que había hecho uso de los sentidos antes que de la razón, y reconocía que las ideas que formaba por mí mismo no eran tan explícitas como las que recibía por medio de los sentidos, y hasta las más veces estaban compuestas de varias partes tomadas de las ideas sensibles, todo esto era bastante a persuadirme de que no había en mi espíritu idea alguna que no hubiera pasado antes por mis sentidos. Tampoco me faltaban razones para creer que este cuerpo que, por cierto particular derecho, llamaba mío, me pertenecía más propia y estrictamente que otro cualquiera; pues en efecto, nunca podía separarme de él como de otros cuerpos; y en él y por él sentía yo todos mis apetitos y afecciones; y los sentimientos de placer y dolor, sentíalos yo en sus partes, no en las de otros cuerpos separados de él. Pero cuando examinaba por qué al sentimiento de dolor sigue en el espíritu la tristeza y al de placer la alegría, o bien por qué una cierta emoción del estómago, llamada hambre, nos produce ganas de comer, y la sequedad de la garganta nos da ganas de beber, no podía dar razón alguna de esta correspondencia, sino que la naturaleza me enseñaba que esto es así; pues no hay ciertamente ninguna afinidad ni relación, por lo menos al alcance de mi inteligencia, entre esa emoción del estómago y el pensamiento de tristeza que ese sentimiento produce en el espíritu. Y, de la misma manera, parecíame que la naturaleza me había enseñado todas las demás cosas que juzgaba acerca de los objetos de los sentidos, porque notaba que los juicios que solía hacer de esos objetos formábanse en mí sin darme tiempo de pensar y considerar las razones que pudieran obligarme a hacerlos.

Pero luego después, varias experiencias vinieron a echar por tierra el crédito que a mis sentidos había yo concedido. Pues varias veces he observado que una torre que de lejos me parecía redonda, de cerca la veía cuadrada, y que estatuas colosales levantadas en lo más alto de esas torres, me parecían, vistas desde abajo, pequeñas figuras; y así, en muchas otras ocasiones he encontrado erróneos los juicios fundados sobre los sentidos externos; y no sólo sobre los externos, sino aun sobre los internos; pues ¿hay nada más íntimo o interior que el dolor?; y, sin embargo, hace tiempo supe, por ciertas personas a quienes habían cortado brazos o piernas que, a veces, parecíales sentir dolor en las partes que ya no tenían. Esto me hizo pensar que nunca podría estar seguro por completo de tener malo algún miembro porque sintiese dolores en él. Y a estas razones para dudar añadí después otras dos muy generales: la primera, que todo lo que he sentido despierto, he podido también creer alguna vez que lo sentí estando dormido; y como no creía yo que las cosas que me parece que siento en sueños provienen de objetos exteriores, no veía por qué había de dar crédito tampoco a las que me parece que siento estando despierto; la segunda razón es que, no conociendo aún al autor de mi ser, o fingiendo que no lo conocía, no veía nada que pudiera oponerse a que me hubiese hecho, por naturaleza, de modo tal que me engañase aun en las cosas que me parecían más verdaderas. Y en cuanto a las razones que me habían persuadido de la verdad de las cosas sensibles, no me costó gran trabajo refutarlas; pues como la naturaleza parece inclinarse a muchas cosas de que la razón me aparta, no creía que debiera confiar mucho en las enseñanzas de la naturaleza. Y aun cuando las ideas, que por los sentidos recibo, no dependen de mi voluntad, no pensaba que por eso fuese necesario concluir que proceden de cosas diferentes de mí, pues acaso tenga yo cierta facultad, hasta hoy desconocida, que sea su causa y pueda producirlas.

Pero ahora ya empiezo a conocerme mejor, y voy descubriendo con más claridad al autor de mi origen; por lo cual no pienso, en verdad, que deba yo admitir temerariamente las cosas que los sentidos parecen enseñarnos, pero tampoco pienso que deba ponerlas en duda todas en general.

Primeramente, puesto que ya sé que todas las cosas que concibo clara y distintamente pueden ser producidas por Dios tales como las concibo, bastará que pueda concebir clara y distintamente una cosa sin otra, para que esté cierto de que la una es distinta o diferente de la otra, ya que pueden estar separadas, al menos por la omnipotencia de Dios; y no importa cuál sea la potencia que verifique esta separación, para que sea forzoso el juzgarlas diferentes. Por lo tanto, puesto que sé de cierto que existo, y sin embargo, no advierto que a mi naturaleza o a mi esencia le convenga necesariamente otra cosa, sino que yo soy algo que piensa, concibo muy bien que mi esencia consiste sólo en ser algo que piensa, o en ser una sustancia cuya esencia o naturaleza toda es sólo pensar. Y aun cuando, acaso, o más bien, ciertamente, como luego diré, tengo yo un cuerpo al que estoy estrechamente unido, sin embargo, puesto que por una parte tengo una idea clara y distinta de mí mismo, según la cual soy algo que piensa y no extenso y, por otra parte, tengo una idea distinta del cuerpo, según la cual éste es una cosa extensa, que no piensa, resulta cierto que yo, es decir, mi alma, por la cual soy lo que soy, es entera y verdaderamente distinta de mi cuerpo, pudiendo ser y existir sin el cuerpo.

Además, encuentro en mí varias facultades de pensar, cada una con su particular manera; por ejemplo, hallo en mí las facultades de imaginar y sentir, sin las cuales puedo muy bien concebirme por entero, clara y distintamente, pero no puedo recíprocamente concebir esas facultades sin mí, esto es, sin una sustancia inteligente, a la que estén adheridas o pertenezcan; pues en la noción que de tales facultades tenemos o, usando los términos de la escuela, en su concepto formal, encierran una suerte de intelección: por donde concibo que son distintas de mí, como los modos lo son de las cosas. También conozco otras facultades, como cambiar de sitio, ponerme en varias situaciones, y otras que, como las anteriores, no pueden ser concebidas sin una sustancia a la que se hallen adheridas y, por lo tanto, no pueden existir sin esa sustancia; pero es muy evidente que estas facultades, si es verdad que existen, deben pertenecer a una sustancia corpórea o extensa, y no a una sustancia inteligente, puesto que en su concepto claro y distinto hay contenida cierta suerte de extensión, mas no de inteligencia. Además, no puedo dudar que hay en mí una facultad pasiva de sentir, esto es, de recibir y reconocer las ideas de las cosas sensibles; pero sería inútil para mí esa facultad y no podría yo hacer uso de ella, si no hubiera también en mí, o en alguna otra cosa, otra facultad activa capaz de formar y producir esas ideas. Mas esa facultad activa no puede estar en mí, considerado como algo que piensa, puesto que no presupone mi pensamiento y puesto que esas ideas se han presentado muchas veces en mí, sin que yo contribuya en nada a ello, y a veces contra mi deseo; precisa, pues, necesariamente, que se halle esa facultad en alguna sustancia diferente de mí, en la cual esté contenida formal o eminentemente, como antes dije, toda la realidad que hay objetivamente en las ideas producidas por esa facultad. Y esa sustancia es, o un cuerpo, es decir, una naturaleza corpórea que contiene formal y efectivamente todo lo que hay objetivamente y por representación en esas ideas, o Dios mismo o alguna otra criatura más noble que el cuerpo, en donde todo eso esté contenido eminentemente. Ahora bien: no siendo Dios capaz de engañar, es patente que no me envía esas ideas inmediatamente por sí mismo, ni tampoco por medio de una criatura que posea la realidad de esas ideas no formalmente, sino sólo eminentemente. Pues no habiéndome dado Dios ninguna facultad para conocer que ello es así, sino muy al contrario, una poderosa inclinación a creer que las ideas parten de las cosas corporales, no veo cómo podría disculparse el engaño si, en efecto, esas ideas partieron de otro punto o fueren producto de otras causas y no de las cosas corporales. Sin embargo, quizá no sean enteramente como las percibimos mediante los sentidos, pues hay muchas cosas que hacen que la percepción de los sentidos sea muy oscura y confusa. Pero es preciso confesar, al menos, que todo lo que percibimos clara y distintamente en las cosas corporales, es decir, todas las cosas que, en general, comprende el objeto de la geometría especulativa están verdaderamente en los cuerpos.

Pero en lo que se refiere a las demás cosas que, o son sólo particulares, como por ejemplo, que el Sol tenga tal tamaño y tal figura, etc., o son concebidas menos clara y distintamente, como la luz, el sonido, el dolor y otras semejantes, es muy cierto que aunque son muy dudosas e inciertas, sin embargo, como Dios no puede engañarnos, y, por lo tanto, no ha permitido que pueda haber falsedad en mis opiniones sin darme al mismo tiempo alguna facultad para corregirla, creo poder concluir, con seguridad, que poseo los medios para conocerlas ciertamente. Y en primer lugar, no cabe duda que lo que la naturaleza me enseña, encierra algo de verdad, pues por naturaleza, considerada en general, entiendo en este momento a Dios mismo, o el orden y disposición por Dios establecido en las cosas creadas; y cuando digo: *mi* naturaleza, en particular, entiendo sólo la complexión o ensamblaje de todas las cosas que Dios me ha dado.

Ahora bien: lo que esta naturaleza me enseña más expresa y sensiblemente es que tengo un cuerpo, el cual, cuando siento dolor, está mal dispuesto, y cuando tengo los sentimientos de hambre o sed, necesita comer o beber, etcétera. Por lo tanto, no debo dudar de que hay en esto algo de verdad.

También me enseña la naturaleza, por medio de esos sentimientos de dolor, hambre, sed, etc., que no estoy metido en mi cuerpo como un piloto en su navío, sino tan estrechamente unido y confundido y mezclado con él, que formo como un solo todo con mi cuerpo. Pues si esto no fuera así, no sentiría yo dolor cuando mi cuerpo está herido, puesto que soy solamente una cosa que piensa; percibiría la herida por medio del entendimiento, como un piloto percibe, por medio de la vista, lo que se rompe en su barco. Y cuando mi cuerpo necesita comer o beber, tendría yo un simple conocimiento de esta necesidad, sin que de ella me avisaran confusos sentimientos de hambre o sed, pues en efecto, todos esos sentimientos de hambre, sed, dolor, etcétera, no son sino ciertos confusos modos de pensar, que proceden y dependen de la íntima unión y especie de mezcla del espíritu con el cuerpo.

Además de esto, enséñame la naturaleza que existen alrededor del mío otros cuerpos, de los cuales he de evitar unos y buscar otros. Y ciertamente, puesto que siento diferentes clases de colores, olores, sabores, sonidos, calor, dureza, etc., infiero que, en los cuerpos de donde proceden esas diferentes percepciones de los sentidos, hay algunas variedades correspondientes, aunque quizá esas variedades no sean efectivamente semejantes a las percepciones. Y puesto que algunas de esas diversas percepciones de los sentidos son agradables y otras desagradables, no cabe duda de que mi cuerpo, o, mejor dicho, yo mismo, en mi integridad, compuesto de cuerpo y alma, puedo recibir diferentes comodidades o incomodidades de los cuerpos circundantes.

Pero hay otras muchas cosas que parece haberme enseñado la naturaleza y que, sin embargo, no he aprendido en realidad por ella, sino que se han introducido en mi espíritu, por cierta costumbre que tengo de juzgar desconsideradamente de las cosas; y así puede suceder muy bien que contenga alguna falsedad, como por ejemplo: la opinión que tengo de que un espacio en donde no hay nada que mueva e impresione mis sentimientos está vacío; o esta otra: que en un cuerpo caliente hay algo semejante a la idea del calor, que está en mí; o que en un cuerpo blanco o negro hay la misma blancura o negrura que percibo; o que en un cuerpo amargo o dulce hay el mismo gusto o sabor, y así sucesivamente; o que los astros, las torres y todos los cuerpos lejanos tienen la misma figura y tamaño que parecen tener vistos de lejos, etc.

Mas para que en todo esto no haya nada que no esté directamente concebido, debo definir con precisión lo que propiamente entiendo cuando digo que la naturaleza me enseña algo. Pues tomo aquí la naturaleza en un sentido más comprimido que cuando la llamo el conjunto o complejo de todas las cosas que Dios me ha dado. En efecto, este conjunto o complejo comprende muchas cosas que pertenecen sólo al espíritu, como por ejemplo, la noción que tengo de la verdad siguiente: que lo que una vez ha sido hecho, no puede ya no haber sido hecho, y muchísimas más nociones semejantes, que conozco por luz natural, sin la ayuda del cuerpo, y a éstas no me refiero al hablar ahora de la naturaleza. También ese conjunto o complejo comprende otras cosas que pertenecen sólo al cuerpo, y tampoco me refiero aquí a ellas al hablar de naturaleza, y son, por ejemplo, la cualidad que el cuerpo tiene de ser pesado, y otras semejantes de que no hablo ahora. Sólo, pues, me refiero a las cosas que Dios me ha dado, como compuesto de espíritu y cuerpo. Ahora bien: esa naturaleza me enseña a evitar las cosas que producen en mí el sentimiento del dolor y a acercarme a las que me proporcionan cierto sentimiento de placer; pero no veo que, además de esto, me enseña también que de todas esas diversas percepciones de los sentidos, debamos nunca sacar conclusiones acerca de las cosas que están fuera de nosotros, sin que el espíritu las haya examinado cuidadosa y totalmente; pues, a mi parecer, al espíritu solo y no al compuesto de espíritu y cuerpo corresponde conocer la verdad de las tales cosas. Así, aunque una estrella no produzca en mi vista más impresión que la de la luz de una vela, sin embargo, no hay en mí ninguna facultad real o natural que me induzca a creer que la estrella no es mayor que la luz de una vela; pero he juzgado así desde mis primeros años, sin ningún fundamento razonable. Y aunque al acercarme al fuego siento calor y hasta dolor, si me acerco demasiado, no hay, sin embargo, razón alguna bastante a persuadirme que en el fuego hay algo semejante a ese calor ni a ese dolor; lo único que puedo creer, con razón, es que hay en el fuego algo, sea lo que fuere, que excita en mí los sentimientos de calor y de dolor. De igual modo, hay espacios en los cuales no encuentro nada que excite y mueva mis sentidos, pero no por eso debo inferir que esos espacios no contienen cuerpo alguno. Veo, pues, que en esto, como en otras cosas semejantes, me he acostumbrado a pervertir y confundir el orden de la naturaleza, porque esos sentimientos o percepciones de los sentidos, que no me han sido dados sino para significar a mi espíritu las cosas que son convenientes o nocivas al compuesto de que forma parte, y son para sus fines bastante claros y distintos, los uso, sin embargo, como si fueran reglas muy ciertas para conocer inmediatamente la esencia y naturaleza de los cuerpos, que están fuera de mí, aun cuando, en verdad, nada pueden enseñarme que no sea muy oscuro y confuso.

Pero ya he examinado antes, con bastante detenimiento, cómo puede suceder que, a pesar de la suprema bondad de Dios, haya falsedad en los juicios que formulo de esa manera. Preséntase, empero, aquí, una dificultad referente a las cosas que la naturaleza me enseña que debo buscar o evitar, y también referente a los sentimientos interiores que ha puesto en mí; pues paréceme haber advertido, a veces, errores y, por tanto, conozco que mi naturaleza a veces me engaña directamente, como por ejemplo, cuando el agradable sabor de alguna vianda emponzoñada me incita a ingerirla, y con ella el veneno. Es cierto, sin embargo, que en este caso mi naturaleza puede hallar cierta excusa, pues que me inclina a desear la vianda de agradable sabor, mas no el veneno, que ella desconoce; de suerte que lo único que de aquí puedo inferir es que mi naturaleza no conoce entera y universalmente las cosas todas; de lo cual no hay motivo para extrañarse, puesto que, siendo la naturaleza del hombre finita, su conocimiento ha de tener una perfección limitada.

Pero también nos engañamos muchas veces en cosas a que nos inclina directamente la naturaleza, como acontece a los enfermos que desean beber o comer lo que puede serles dañino. Se dirá quizá que la causa del engaño es que la naturaleza de los enfermos está corrompida; pero esto no levanta la dificultad, porque un hombre enfermo no es menos verdaderamente una criatura de Dios que el hombre sano y, por consiguiente, tanto repugna a la divina bondad que el enfermo tenga una naturaleza engañosa y errónea como que la tenga el sano. Y así como un reloj, compuesto de ruedas y contrapesos, no observa menos exactamente las leyes de la naturaleza cuando está mal hecho y da mal las horas, que cuando cumple enteramente los deseos del artífice, así también, si considero el cuerpo humano como una máquina construida y compuesta de huesos, nervios, músculos, venas, sangre y piel, de tal suerte que, aunque ese cuerpo no encerrara espíritu alguno, no dejaría de moverse como lo hace ahora, cuando se mueve sin ser dirigido por la voluntad y, por consiguiente, sin ayuda del espíritu y sólo por la disposición de sus órganos; si considero, digo, el cuerpo como una máquina, conozco fácilmente que tan natural le sería a un cuerpo de esa índole, estando, por ejemplo, hidrópico, sufrir esa sequedad de garganta que suele dar al espíritu el sentimiento de la sed y, por consecuencia, poner en movimiento sus nervios y demás partes, de la manera que se requiere para beber, aumentando así su mal y perjudicándose a sí mismo, como le es natural, no teniendo indisposición alguna, inclinarse a beber por su provecho, a consecuencia de igual sequedad de la garganta. Sin embargo, considerando el uso a que un reloj está destinado por su artífice, podría decirse que, si no marca bien las horas, se aparta de su naturaleza y, del mismo modo, considerando la máquina del cuerpo humano como una obra de Dios, cuyo fin es tener todos los movimientos que suele haber en el cuerpo, podría pensarse que, si se le seca la garganta, siendo la bebida nociva a su conservación, esto es contrario al orden de su naturaleza. Pero, sin embargo, bien reconozco que esta manera de explicar la naturaleza es muy diferente de la anterior, pues aquí no es sino una cierta denominación exterior, que depende enteramente de mi pensamiento, el cual compara un hombre enfermo y un reloj mal hecho con la idea que tengo de un hombre sano y de un reloj bien hecho; y esa denominación exterior no significa nada que se encuentre efectivamente en la cosa a que se aplica. Mientras que, por el contrario, la otra manera de explicar la naturaleza se refiere a algo que está verdaderamente en las cosas y, por tanto, a algo que no deja de tener cierta verdad.

Y es bien cierto que, aunque con respecto a un cuerpo hidrópico sea una denominación exterior el decir que su naturaleza está corrompida si, no necesitando beber, no deja de tener seca y árida la garganta, sin embargo, con respecto al compuesto todo, es decir, al espíritu o alma unido al cuerpo, no es una pura denominación, sino un verdadero error de la naturaleza, puesto que tiene sed siéndole muy nociva la bebida; por lo tanto, queda aún por examinar cómo la bondad divina no impide que la naturaleza humana, así considerada, nos engañe e induzca a error.

Para empezar, pues, ese examen, advierto aquí primero que hay grandísima diferencia entre el espíritu y el cuerpo; el espíritu, por su naturaleza, es enteramente indivisible. En efecto, cuando considero el espíritu, esto es, a mí mismo, en cuanto que soy sólo una cosa que piensa, no puedo distinguir partes en mí, sino que conozco una cosa, absolutamente una y entera; y aunque todo el espíritu parece unido a todo el cuerpo, sin embargo, cuando un pie o un brazo o cualquier otra parte son separados del resto del cuerpo, conozco muy bien que nada ha sido sustraído a mi espíritu; tampoco puede decirse propiamente que las facultades de querer, sentir, concebir, etc., son partes del espíritu, pues uno y el mismo espíritu es el que por entero quiere, siente y concibe, etc. Pero en lo corporal o extenso ocurre lo contrario, pues no puedo imaginar ninguna cosa corporal o extensa, por pequeña que sea, que mi pensamiento no deshaga en pedazos o que mi espíritu no divida facilísimamente en varias partes y, por consiguiente, lo conozco como divisible. Esto bastaría a enseñarme que el espíritu o alma del hombre es enteramente diferente del cuerpo, si ya no lo hubiera aprendido antes.

También noto que el espíritu no recibe inmediatamente la impresión de todas las partes del cuerpo, sino sólo del cerebro, o acaso inclusive de las más pequeñas partes de éste, a saber; de aquellas partes en que se ejercita la facultad que llaman sentido común, la cual, siempre que está dispuesta de la misma manera, hace sentir al espíritu la misma cosa, aunque, mientras tanto, puedan estar diversamente dispuestas las otras partes del cuerpo, como así lo demuestran muchísimas experiencias que no es necesario referir aquí.

Advierto, además, que la naturaleza del cuerpo es tal, que si una de sus partes puede ser movida por otra parte algo alejada, también podrá serlo por las partes que se hallen entre las dos, aunque la parte algo alejada permanezca inactiva. Así, por ejemplo, estando tirante la cuerda *A, B, C, D,* si se tira y mueve la última parte *D,* la primera parte *A* se moverá, no de otro modo que si se tira una de las partes intermedias *B* o *C,* permaneciendo *D* inmóvil. Y del mismo modo, cuando siento dolor en el pie, la física me enseña que ese sentimiento se comunica por medio de los nervios repartidos por el pie, los cuales son como unas cuerdas tirantes que van desde los pies hasta el cerebro; así es que, cuando en el pie son los nervios movidos, tiran ellos también de la parte del cerebro de donde salen y a donde vuelven, excitando cierto movimiento, instituido por la naturaleza para que el espíritu sienta el dolor como si el dolor estuviera en el pie. Pero como esos nervios pasan por la pierna, el muslo, los riñones, la espalda y el cuello, en su trayecto desde el pie hasta el cerebro, puede suceder que, no moviéndose sus extremidades, que están en el pie, se muevan algunas de las partes que pasan por los riñones o el cuello; y este movimiento excitará en el cerebro los mismos movimientos que excitaría una herida del pie y, por lo tanto, el espíritu sentirá necesariamente en el pie el mismo dolor que si el pie hubiera recibido realmente una herida; y otro tanto hay que decir de todas las demás percepciones de los sentidos.

Por último, advierto también que, puesto que cada uno de los movimientos habidos en la parte del cerebro, de la cual recibe el espíritu una impresión inmediata, no hace sentir al espíritu sino un solo sentimiento, lo mejor que puede imaginarse y desearse es que ese movimiento haga sentir al espíritu, de entre todos los sentimientos que pueda causar, el más propio y ordenadamente útil para la conservación del cuerpo humano sano; ahora bien: la experiencia nos enseña que todos los sentimientos que la naturaleza nos ha dado son como acabo de decir, y, por tanto, que todo cuanto hay en ellos patentiza el poder y bondad divinos. Así, por ejemplo, cuando los nervios del pie son movidos fuertemente, más aún que de costumbre, su movimiento, que pasa por la médula espinal hasta el cerebro, hace en éste cierta impresión al espíritu y le da a sentir algo, a saber: un dolor que siente como si estuviera en el pie, y ese dolor avisa al espíritu y le excita a que haga lo posible por eliminar su causa, muy peligrosa y nociva para el pie. Es cierto que Dios pudo arreglar la naturaleza de tal manera que ese mismo movimiento del cerebro hiciera sentir al espíritu otras muy diferentes cosas; por ejemplo, que se hiciera sentir a sí mismo como estando en el cerebro o, por último, cualquiera otra cosa de las que pueden ser; pero nada de eso habría contribuido tanto a la conservación del cuerpo como lo que sentimos realmente. Así también, cuando necesitamos beber, prodúcese en la garganta cierta aridez que mueve los nervios y por ellos las partes interiores del cerebro, y este movimiento hace que el espíritu sienta el sentimiento de la sed, porque en tal ocasión nada hay que nos sea más útil que saber que necesitamos beber para conservar nuestra salud, y así sucesivamente.

Es, pues, patente que, no obstante la suprema bondad de Dios, la naturaleza humana, en cuanto que se compone de cuerpo y espíritu, no puede por menos de ser algunas veces engañosas y falsas. Pues si alguna causa excita, no en el pie, sino en alguna de las partes del nervio entre el pie y el cerebro o en el cerebro mismo, el movimiento que suele producirse cuando el pie está malo, sentiremos dolor en el pie y el sentido sufrirá naturalmente un engaño; porque un mismo movimiento del cerebro no puede producir en el espíritu sino un mismo sentimiento, y como ese sentimiento lo excitan con más frecuencia las causas que hieren al pie que otras causas en otras partes, resulta muy razonable que ese movimiento lleve siempre al espíritu el dolor del pie y no el de otra parte cualquiera. Y si sucede a veces que la sequedad de la garganta no sobreviene, como suele, porque sea necesaria la bebida a la salud del cuerpo, sino por alguna otra causa contraria, como ocurre a los hidrópicos, sin embargo, más vale que nos engañe en esta coyuntura que si, por el contrario, nos estuviese engañando siempre, cuando el cuerpo está bien dispuesto, y así sucesivamente.

Y esta consideración no es de poca utilidad, no sólo para reconocer los errores en que mi naturaleza suele incurrir, sino también para evitarlos o corregirlos más fácilmente. Pues sabiendo que todos los sentidos me enseñan con mayor frecuencia lo verdadero que lo falso, acerca de las cosas que se refieren a las comodidades o incomodidades del cuerpo, y pudiendo casi siempre hacer uso de varios de entre ellos para examinar una misma cosa y, además, disponiendo de mi memoria para enlazar y juntar los conocimientos presentes con los pasados, y de mi entendimiento, que ya ha descubierto todas las causas de mis errores, no debo temer en adelante encontrar falsedad en las cosas que ordinariamente me representan los sentidos. Y deberé rechazar las dudas de estos días pasados, por hiperbólicas y ridículas, y principalmente la tan general incertidumbre acerca del sueño, que no podía distinguir de la vigilia; pues ahora encuentro una muy notable diferencia, y es que nuestra memoria no puede nunca enlazar y juntar los ensueños unos con otros y con el curso de la vida, como suelen juntar las cosas que nos suceden estando despiertos. En efecto, si estando yo despierto, me apareciese alguien y desapareciese al punto, como hacen las imágenes que veo en sueños, sin poder yo conocer por dónde ha venido y adónde ha ido, estimaría, no sin razón, que no es un hombre verdadero, sino un espectro o fantasma formado en mi cerebro y semejante a los que finjo cuando duermo. Pero cuando percibo cosas, conociendo distintamente el lugar de donde vienen, el sitio en donde están y el tiempo en que me aparecen, pudiendo además enlazar sin interrupción el sentimiento que de ellas tengo con la restante marcha de mi vida, poseo la completa seguridad de que las percibo despierto y no dormido. Y no debo en manera alguna poner en duda la verdad de tales cosas si, habiendo convocado, para examinarlas, mis sentidos todos, mi memoria y mi entendimiento, nada me dice ninguna de estas facultades que no se compadezca con lo que me dicen las demás. Pues no siendo Dios capaz de engañarme, se sigue necesariamente que en esto no estoy engañado. Pero la necesidad de los negocios nos obliga muchas veces a decidirnos antes de haber hecho esos cuidadosos exámenes; y hay que confesar que la vida humana propende mucho al error en las cosas particulares; en suma, es preciso reconocer que nuestra naturaleza es endeble y dispone de pocas fuerzas.

FIN DE *MEDITACIONES METAFÍSICAS*